VALLEY OF THE GODS A SILICON VALLEY STORY

硅谷创业启示录

创投教父彼得·蒂尔疯狂实验揭开硅谷批量化诞生伟大企业的秘密

[美] 亚历山德拉·沃尔夫 著　丛琳 译

文汇出版社

给妈妈、爸爸和汤米

这个小木屋太温馨了,小巧的门、精致的窗——
屋顶上的小烟囱像一顶滑稽的小帽子

——迪克西·威尔森

《蜂蜜熊》(Honey Bear)

/ 目 录 /

作者序 / I

引　言 / 01

第 1 章　"20 under 20" 创业实验征集令 / 001
　　创投教父彼得·蒂尔要在全球挑选20名20岁以下的青年，给予每人10万美元的创业启动金，帮助他们在硅谷创业。

第 2 章　百无禁忌的社交生活 / 035
　　硅谷人对创新的追求也体现在社交上，他们通过试验和失败去解决社交难题，不断追求试验性的生活方式。

第 3 章　疯狂的编码公社 / 057
　　编码公社是一个能激发创意、让工作和生活融为一体的共居房，硅谷极客们在这里整夜奋战写代码到后半夜。

第 4 章　永无止境的学校 / 080
　　斯坦福大学确实是驱动硅谷科技产业腾飞的发动机，给行业源源不断地注入新的人才、创意和研究。

第 5 章　录取率不足1%的企业孵化器 / 099
　　在硅谷，受教育程度取决于你离企业孵化器有多近，加入孵化器不仅能结识同龄编程高手，还有机会向投资人展示创意。

第 6 章　驾驭世界的女性领袖 / 126
　　硅谷的已婚妇女一般是不用丈夫姓氏的，她们有能力和男性一决高下，穿上牛仔裤就成了统治技术工蜂的女王。

第 7 章　追求长生不老的硅谷梦想 / 141

追求长寿、治愈衰老早已成为硅谷的流行话题，亿万富翁们几十年来一直都希望自己能获得永生。

第 8 章　技术极客的新闻头条 / 160

硅谷不存在媒体聚集的场所，也没有记者圈子，新闻头条都是在技术类博客上发布的。

第 9 章　算法逻辑下的新新资金 / 175

年轻的科技创业者注意到，00后根本不想跟银行打交道，硅谷的借贷公司正在试图颠覆银行业的游戏规则。

第 10 章　先斩后奏还是确保合法再做 / 194

现行法律对技术创造出的新行业并不适用，技术行业应该如何与政府打交道？

第 11 章　一名创业失败者的思索 / 213

技术公司到底有没有把世界变得更好？创业者是不是被创业的意图利用了？

第 12 章　主宰宇宙的人工智能 / 221

改变世界早已成为陈词滥调，硅谷人关注的焦点在于人类究竟会进化成何种模样。

结　语 / 236

致　谢 / 253

作者序

我与彼得·蒂尔初次见面是在2006年,地点就在他纽约家中的会客厅里。这位贝宝的联合创始人、创始人基金的执行合伙人以及Facebook的首位投资人当时邀请了众多友人来做演说,讨论宗教、技术及房地产。从此以后,这名技术投资人就成为了我的朋友,他引领我见识了硅谷狂热的世界。那段时间里,他的种种构想都被多数人视为太过稀奇古怪,比如在遥远的海洋中建造奉行自由意志主义原则的岛屿,资助长寿研究,以及最近筹资的一个项目,鼓励学生从大学辍学,然后去硅谷创业。

他的理念往往与政治正确背道而驰。他天生反骨,也吸引了同样特立独行的朋友。经由蒂尔,我发现了一个满是怪人和怪念头的全新世界,似乎任何既定原则或社会意识都无法对其进行描述。

让大众记住蒂尔的是他的反大学项目。也许是因为这个项目在美国人受够了偿还学生贷款之苦时,恰好击中了他们心中痛处;又或者因为经历了2009年经济衰退后,就算拿了大学文凭也找不到工作。而蒂尔的"20岁以下20人"(20 Under 20)项目将资助20名未满20岁的学生每人10万美元,让他们"停止"上学,这就开启了一场关乎教育的大讨论。

第一届蒂尔学员成为我了解硅谷精英和弱者的一扇窗。透过他们的视角,我看到了完全有别于东海岸阶层社会的生活方式。而透过蒂尔的视角,我看到了一种充满好奇和智慧且反直觉的理想主义,牵引着我愈发频繁地返回湾区。本书尝试捕捉硅谷文化的一些方面,这种文化同时吸引了我和蒂尔学员,把我们引向一个不仅颠覆了美国生意之道,更颠覆了人们生活之道的地方。在硅谷,东海岸精英步步为营的生存之道是不存在的;在他们的地盘上,只有一连串的开放式问题,讨论下一个被颠覆的会是什么行业,还有什么样的文化形态会取代旧社会。硅谷不只是初创公司的试验场,在我看来,还是个更为开阔的文化实验室,这里唯独不可能发生的事,便是"意料之中"。

引 言

  周四晚上六点钟,加州圣马特奥县,一家名为罗斯伍德沙山的酒店里。这个酒店2009年开业,装修尚新,时髦的加利福尼亚工匠风格。从酒店的楼顶露台俯瞰,能看到一个奥林匹克规格的底光式泳池,四周全是紫红色。泳池边婀娜的金发女郎们身着亮色吊带裙和宽松飘逸的上衣,三五成群扎堆坐在牧场风格的织布坐垫上,附近坐着几桌正在吃饭的科技公司创业者。这些人的着装趣味都属于技术新贵范,紧身T恤、牛仔裤加修身西装外套。他们在暖灯下斜靠着,吃着加香料的爆米花和烟熏橡木烤滑块汉堡,就着几瓶桑塞尔葡萄酒。

  然而实际上,夜色中,年轻的金发女郎们正在暗暗比赛。每周四夜晚被常客们称为"美洲狮之夜"。狮子说的就是年过三十或四十,或者就是敢赌一把的饥渴女人,正伺机等待着那些来此之前已经在四处寻觅的可口猎物：一桌又一桌的科技咖，都是男性，大多单身，一半都没招架过女人的手段，而且这些人当中很多是千万富翁、亿万富翁甚至十亿级富翁。他们足以令任何与之类似的投资银行家和对冲基金经理在资产和年龄上自惭形秽。

这里的女人不管是青春年华的，还是打了肉毒杆菌的，眼里盯着的都是这些年轻的先锋。这些人早在20世纪90年代中期之前，在"互联网"这片广袤无垠的处女地横扫全球以前就大发了横财。只有这些年轻又有野心，从小用着计算机长大的人才看到了互联网的未来。他们很小的时候就接纳了计算机的数字处理方式。对他们而言，与其说计算机的数字处理是种工具，倒不如说是自主神经系统的组成部分，正是中枢神经系统的一部分，能让哺乳动物不假思索就可以呼吸。

只有这些人才能切身感受到网络无限的可能性。令人讶异的是，不论在商业或学术方面多么才华横溢，1970年以前出生的人却几乎不具备这种能力。老家伙们对互联网的关注是由外而内的，好奇这到底是什么了不起的东西；数字时代的孩子们却无须去关注互联网，互联网与这些孩子是一体的。这些小子富有远见，意识到互联网会在五十年内成为全世界最伟大的新兴产业，由小孩子们创造、发展和经营的产业。更重要的是，它属于孩子。互联网还有可能使电视与核能成为古董。

互联网还有着在东海岸闻所未闻的起点。在硅谷交过学费？在别处，交学费的意思是以高管的身份创业，后来失败了。而在硅谷，交学费才是第一步：不是从底层做起，也不是从收发邮件做起，而是作为创始人，然后一败涂地，接下来把这段值得吹嘘的经历写到你的简历里，这才是开始立于巅峰的荣耀。交学费是一条让出身并不算好的人获得成功的新途径。无视国籍和学历，也不问出处，你不用遵循任何的既定规则。那些赚了大钱的人给人感觉就是普通人，或是随便哪个书呆子，哪怕他们掌管的是几十亿美元的企业。这是个给人希望的信号，哪怕只有幸运的少数人叫得最响，诉说他们令人难以置信的一夜暴富的事迹，对培养硅谷忠诚度而言也是好事。

这也体现在他们的外貌上。这些人回到家，不论是什么地方来的，都是一副戴着眼镜瘦巴巴的书呆子模样，穿着松垮的牛仔裤和T恤衫，不可能找得到对象。而在"美洲狮之夜"，女人们窜来窜去要找的就是这一型的人。

某一时刻，几双眼睛都盯着一个年轻的金发小伙子放光，他是在任何地方都可能见到的那种十五到二十五岁之间的年轻人。这个小伙子生着一双明亮的蓝眼睛，留着一头蓬松凌乱的浓发，还用手不停地捋头发。然而他喝的是柠檬汁，吃的是爆米花。是不是太年轻了？他叫强纳森·伯纳姆，确实还没到法定的饮酒年龄。话说回来，他也不在乎这些目光。他刚到硅谷，为了亿万富翁奖学金而来。贝宝的创始人彼得·蒂尔选中了强纳森和其他二十个不到二十岁的小子，给他们十万美元，辍学直奔硅谷来淘金。伯纳姆还没赚到第一桶金。

可美洲狮们又如何能辨得清谁成功了、谁没成功呢？人人看起来都是同一副模样，不管是风险投资家，还是斯坦福大学的高层。前者可能只是刚刚染过头发。

酒店中的这般景象反映出互联网行业最初的迷人光辉，把这片四英里长的沙山路变成了一个富有魅力的地方，宛如曼哈顿、伦敦的梅菲尔区、巴黎的香榭丽舍大道、里约、香港、拉斯维加斯，还有意大利的威尼托大街。简而言之，沙山路是硅谷的心脏，而沙山路地带从地理上和感性上是指从旧金山以南35英里处，沿半岛向南经帕罗奥多市的这片约1500平方英里界限模糊的区域，包括所有通往圣克鲁兹附近山景城的道路。

这个地区过去并非一直是这样的。两百年前，这片环绕着高档红木的区域曾是一座牛牧场。而沙山路呢？那时候是一条牧牛小道。一百年前呢？这片覆盖门洛帕克市大片土地的区域现在是Facebook广阔园区的所在地，距离罗斯伍德约十分钟车程，而从前这里到处是果树密布的果园，所以曾被称为心灵欢乐之谷。

那时候，山谷中最富有的人也是个创业者，不过当时这里显然还是个低技术区域：主要发展钢琴制造业。这位创业者叫詹姆斯·利克，他靠进口巧克力和买地赚到的钱比制作钢琴更多，后来还建立了吉尔德利巧克力公司。

那个年代的硅谷众神中的另一位是铁路大亨利兰·斯坦福，也是斯坦福大学的创办人。斯坦福大学成功说服弗雷德·特曼离开了麻省理工学院，回到帕罗奥多市这个他曾获得本科和硕士学位的地方，在这里执教工程学。当时这所大学接触过的大多数东海岸的教授都不愿意为了一所各方面在全国都鲜为人知的暴发户大学，而放弃任职于有望成为常春藤成员的东部高校。

这些教授学者当时无从知晓，日后有多少"初创企业"即将诞生于这所暴发户大学。比尔·休利特和戴维·帕卡德创办日后大名鼎鼎的惠普时还都是斯坦福的学生。公司就诞生在后来很出名的狭小车库里，这也是硅谷有史以来最像是一座异教神庙的地方，给人感觉无比玄乎。起初，他们承包订单来做，比如为以詹姆斯·利克命名的利克天文台的望远镜设计发动机驱动。到1938年，他们终于以55美元的价格，将用于声呐测试的电容电阻音频振荡器出售给了华特·迪士尼公司，用于制作即将推出的动画电影《幻想曲》。迪士尼是他们首个实质性客户。后来他们就不再接承包合同了，转而成为制造商。

这是硅谷首个学生大获成功的案例，从此之后众多公司都按照惯例选择在小车库中成立，这一点甚至有些戏谑。例如，现今已经倒闭的"宁静分子"基因定序创业公司对"车库传奇"就十分心驰神往，以至于尽管风险投资者已经为该公司提供了大面积的办公空间，还为其提供了成千上万的创业资本，公司的创始人无论如何还是选择在车库中办公。

众所周知，硅谷是到1970年才得名的，当时加利福尼亚的企业家拉尔夫·瓦尔斯特在众多硅芯片制造商迁至此地后，将这里命名为"硅谷"。

现今，硅谷以其标志性建筑的传奇故事广为流传，不仅是那些诞生了许多大企业的车库，还有孕育了新思想的建筑。时至今日，不仅是互联网企业，各行各业都在硅谷设有大型基地，比如洛克希德·马丁公司以及美国国家航空航天局（NASA）。1972年，凯鹏公司（Kleiner Perkins，即现在的凯鹏华盈公司，KPCB）成为沙山路上第一家风险投资公司。实际上现在所有主要的风投公司都曾在沙山路上出现过。

这片传奇的土地最密集地聚集着全世界的亿万富翁。他们也是最古怪的一群亿万富翁，一伙正在变成熟的超龄男孩。

以硅谷罗斯伍德雅致酒店为首,这里也开始举办从前只有在洛杉矶和纽约才能见到的众星云集的社交活动。这个酒店曾于2011年在他们的马德拉餐厅,为露西尔·帕卡德儿童医院举办了一次500人规模的慈善募捐活动,主角是史蒂夫·卡瑞尔和达纳·卡维。借着花生酱、果酱、寿司卷和芝士通心粉,喜剧演员们和全国一些最重要的慈善家交织在一起,其中就包括主持人安妮·劳勒和伊丽莎白·唐勒维,著名风险投资家的太太们。这些名流在众多名人来过之后仅仅几周就都来了。从时任美国总统的贝拉克·奥巴马,到明星歌手凯蒂·佩里、史努比·狗狗,众位名人都特意经过帕罗奥多市,来向硅谷这帮首席执行官小子致敬。

即使是在多年前,权贵云集的社交场合也是与硅谷的风格格格不入的。在硅谷,休闲为王,软件工程师才是王道。现如今,硅谷想把钱拒之门外都难。这里有众多科技业巨子,比如马克·扎克伯格,35岁,Facebook上市后身家350亿美元;Yelp的杰里米·斯托普尔曼;阿莎娜的达斯汀·莫斯科维茨;Quora的查理·切沃;领英的创始人雷德·霍夫曼,52岁,在创始人里算是老年人了;俄罗斯裔的创业者谢尔盖·布林,1998年他25岁时创立了谷歌;还有,特别是彼得·蒂尔,也是在1998年创立了贝宝,时年31岁。

所有这些人都会定期去马德拉餐厅。贝宝是世界上第一家互联网银行，为电子商务提供了急需的严谨规则。2001年易贝收购贝宝时，蒂尔把他赚的那份钱投进了一只对冲基金。之后，他投资了Facebook，把扎克伯格当时充满希望的玩笑话变成了一家真正的公司。八年后，Facebook首次公开募股募集了1000亿美元，蒂尔从中赚了近20亿。

那时候，他已经投资了十几家初创企业，并且创办了自己的对冲基金，叫克莱瑞姆资本管理公司。他还开始思考互联网这个新产业以及信息技术总体上能为社会做些什么。他是硅谷第一个思想家。蒂尔今天以"PayPal黑帮"的教父著称，还有霍夫曼和斯托普尔曼也是这个团伙的成员，这些人共同在硅谷创立了许多家最引人注目的技术公司。

工业革命时期的强盗贵族用他们制造钢铁和汽车的能力改变了各行各业，而今这些超级书呆子正是在做同样的事。他们用的不是高大的厂房和作坊，而是小小的按键。说是按键其实都言过其实了，这些人正在用手指轻轻一点来改变世界。单击一下优步的应用，就有数百万用户颠覆美国的运输业。招手打车现在都过时了。想开车？只要你想，驾驭大篷马车都没问题。至于吃饭，在全世界越来越多的城市里，有了OpenTable（网上订餐平台）和Yelp这样的移动应用程序和网站，随便找个新地方或者看着广告找新餐厅早已经过时了。

技术巨头本身成为名流，这是史无前例的，而他们的生活已经成为被迷恋的对象。技术潮不仅推动了新媒体，还创造出新的社会秩序，一种自成一派的"反社会"美学。

硅谷有超过5%的居民是百万富翁，还包括全国最富有的1%。自2010年起，科技的复兴已经为硅谷创造了20万个新的工作岗位。去年，帕罗奥多市的独立屋均价上涨了20%，达到163万美元一套，包括扎克伯格和谢尔盖·布林等八位新晋亿万富翁的家。这些房屋大部分都是用第一次互联网浪潮创造的大笔利润购买的，比如赚到这笔钱的人包括早期进入谷歌和甲骨文的老员工。二十多个亿万富翁居住在附近的城镇里，他们所获得的前无古人的极度成功也给这个地方定下了"极度"的基调：极度健康、极度舒适，当然，也是极度富有。

最后一个是"极度富有"，而且不是一眼从表面就能察觉的，才是硅谷风格的关键所在。企业家戴维·洛伦斯这样描述道："屋子里最有钱的人往往穿的是人字拖和帽衫。"帽衫成了马克·扎克伯格的标志，他是初创企业家中最富有的人。他有35岁了，而看上去像20岁。年轻是初创企业家必不可少的要素，他们竭尽全力让自己显得年轻。他们对旧眼光下尊贵的纽约、波士顿和费城社会，甚至是40英里开外的旧金山社会，都毫无兴趣。旧金山仿佛根本不存在似的。晶体管、芯片，还有互联网，都是中西部人和西部人创造出来的。对于发明家威廉·肖克利和罗伯特诺·诺伊斯这样的先锋开拓者来说，东部之道颓废又堕落。

从这片山谷苏醒的那一刻起，硅谷的一天也开始了，跟不远处斯坦福大学校园里学生们的作息很相似。大多数富有的科技企业创始人是不会在20英尺高的天花板下醒来的，也不会跌跌撞撞走进有高大飘窗的大理石浴室去刷牙。硅谷大人物的家与众所周知的格林尼治、康涅狄格还有长岛上那些豪宅完全不同，房屋的面积反倒是与他们发家的年头数很成正比。尽管甲骨文创始人拉里·埃里森等年龄更长的亿万富翁都住在伍德赛德家园路或者阿瑟顿公园路上有复合大门的豪宅里，众多年轻的创业者却已经把自己的公司卖了好几亿，然后越来越多的人选择住在他们从斯坦福大学搬出来以后住过的第一套公寓中，或是同样有感情的创业车库里。这些人亲眼见证了房地产泡沫，他们大多单身，而且宁愿把钱投到自己的公司里。

他们看起来可能像住在学生宿舍里，但其实他们住的是十年前价值35 000美元，现今能卖到200万美元的房子。19世纪50年代，坐落在库比蒂诺市和圣何塞市中心之间的是奶牛农场，而如今那里不再是鲜花和水果遍地的地方，而是到处林立着冻酸奶和谷物棒的店铺。大量的土地被开发得有如大学的宿舍区。讽刺的是，这里的很多居民觉得上不上大学无关紧要。

是谷歌首次定义了企业给予员工的社区认同感。软件工程师们在谷歌和Facebook的研究院学习，成为终身的学生。他们始终穿着校服，经常是与学校里认识的朋友合伙开公司。从帕罗奥多市大学街两旁到处可见的野餐长凳，到桑尼维尔市联排平房外的创业者后院烧烤，都显示出硅谷这地方属于永远像大学新生的书呆子。

随着这个地区财富的增长，创业者们想尽一切办法让自己不露富。按帕罗奥多市长希德·艾史宾诺莎的话说，"比佛利山很好，但我们不是那样的"。"我们不光鲜夺目，也从不打算变成那样。我们的文化实际上恰好与此相左。"52岁英姿飒爽的前科技企业高管卡崔娜·贾奈特则表示，她所知道的建筑许可申请都是要把房子往下建，而非往上。近些年来，精心设计的地下室猛增了不少。类似雷德·霍夫曼这样的成功人士，当他一个星期赚了30亿美元之后还决定住在原来的一居室公寓时，反铺张炫耀的基调就已经定下了。

清晨，创业者们沿着橡树成荫的街道散步到位于零售商店和餐厅楼上的办公室，或者开着他们的丰田普锐斯去到Fraiche

这样的咖啡馆，点上几杯蓝瓶手冲咖啡，自制燕麦，还有来自本地的Clover牌加了琥珀核桃仁和浆果的酸奶。大学街上满是骑自行车的人，有些是上班族，有些则是穿着荧光外套的企业自行车队车手。

离帕罗奥多市再远一些，在沙山路转入波托拉路的地方，大清早的骑手们比赛骑自行车穿越波托拉峡谷，而这些人的太太则在波托拉农场里骑马。之后他们路过覆盖着藤蔓的艾米莉·朱伯特园艺店，直奔伍德赛德小镇吃早餐，在怀旧主题的Buck's餐馆点上银元酸奶油煎饼和墨西哥煎蛋饼。CrossFit是一流的健身品牌，行家之选，那里的教练会带着技术咖们骑上蜿蜒的旧拉翁路。

途中值得留意的地方之一是作家、嬉皮士运动和迷幻运动领导者肯·克西的故居。现在这里只不过是个给人参观的景点。1964年，克西在他的住处开创了一个名叫快活的捣蛋鬼的团体。之后他带领团体成员驾驶一辆1939年产的万国收割机牌小车周游全国，改变了他们的信仰（其间他还鞭策自己写作即将出版的新作品《永不让步》）。

很难再立刻想到两种完全相反类型的受过基本教育的年轻人了：这些技术咖真正痴迷的事情之一就是工作，而捣蛋鬼们真正痴迷的一件事就是不工作。克西把这叫作"远离死点"，同样按他的说法，继续嗑迷幻药，直到你"把它扔到另一个世界"。

如今，技术咖们在国王大道上开着他们的特斯拉电动双门敞篷跑车去工作，这条大街连接着硅谷的所有城市，包括阿瑟顿市、伍德赛德镇、山景城，还有帕罗奥多市。有工作的女人们在电话会议的间歇休息时会去斯坦福购物中心，那里有很多高档时装店。在去斯坦福后山的路上，西海岸"吃午饭的富裕女士们"会以克里夫营养棒来充饥，这是斯坦福周边最受欢迎的徒步路线。而"女士"一词的意思是年纪超过29岁。在一个实用功能才是时尚、效率可以满足虚荣的地方，硅谷的新生活方式可不适合容易疲倦的人。

硅谷没有社交名流，硅谷有的是技术名流。这里的女性要想向上爬，绝不是通过主持慈善舞会。惯用的做法是把自己的嗜好和贝宝结合起来，在网上或者卖珠宝，或者是刺绣狗床，要么就是蜡笔彩绘腰带，推出一个购物网站，然后把自己指定为首席执行官。这类型的女人和其他有影响力的女性高管在一起时都一样，也穿着素雅的制服和浪凡平底鞋、美杰士的T恤、James Jeans牛仔裤，还有舒适的羊毛针织衫。这景象似乎已经让人回想起西棕榈滩的市中心，斯坦福购物中心那棕榈树遮盖下的步道有种既休闲又绿树成荫的感觉，支路和小径会直通向那种农场和食品店"前店后场"模式的美味咖啡餐厅。

在伍德赛德的Village Pub餐厅,科技高管们狼吞虎咽地吃着配薯条的大汉堡和鸭肉扁豆沙拉。为了能在不到一小时内跑回普锐斯里,他们吃得很快。在这个地方,社交和建立人脉是可以画等号的,而地位得到提升最好的证据就是时间变得越来越少。在线奢侈旅游平台我的小天鹅的创始人贾奈特把出席社交场合解释为:"我们不依靠社交达到任何目的,这里的特点是人们有钱却没时间。"贾奈特是个娇小的金发女人,也是一名投资家和前软件工程师。"要是有任何人谈论他们打高尔夫球,你就会看着他们说:'我可绝不会给你投资的,因为你把太多时间都花在高尔夫球场了。'"相反,不太耗时的爱好得以延续,比如收藏艺术品和红酒。贾奈特就说过,她和她丈夫收购艺术品,因为这个爱好不必像打高尔夫那样,就是说不需要整天把精力耗费在那上面。至于车嘛,"我们都有法拉利吗?是的,但你要问我们会不会把法拉利开进一个初创企业的停车场里?当然不会。"她笑道,"我们会开普锐斯,而把法拉利放在车库里。"

在旧金山,大部分精英家庭的子女会就读于少数那几所传统私立学校,但是在硅谷,大部分的技术精英父母,包括已故的史蒂夫·乔布斯和风险投资家维诺德·科斯拉在内,都会把他们的孩子送到另类的努埃瓦一贯制学校（Nueva School）。在那里学生们一学期会集中学习一个主题，比如古希腊史或者美国史，而不是按照传统的科目类别来学习。

职业女性也有她们专属的力量核心：像Facebook首席运营官谢尔丽·桑德伯格开办的女性沙龙，还有艾琳·李办的地下室私密派对。

如果说谷歌、Facebook那些早期估值十亿美元级别的公司引发了一种新的社会身份认同，那么发起运动的正是这些亿万富翁他们自己。从特斯拉的首席执行官埃隆·马斯克到彼得·蒂尔，掌管这些企业的科技巨头们已经创造出一种乐观的年轻毕业生渴望通过获得成功来改变世界的文化，而不仅仅是赚钱。不同于华尔街那些梦想着成功的忙碌"工蜂"，那些人从宾夕法尼亚车站出发，第一站是去托马斯·品客买衬衫，然后去唐龙买手表，最后去蒂芙尼买个印着自己名字首字母组合的腰带扣，而那些科技领域成功人士，笔记本电脑和创意就是他们仅有的外在特征。

亿万富翁们穿的都是和斯坦福的学生看不出差别的衣服。他们就穿着牛仔裤和卫衣开车兜风，可能只是车开得快一些。这些人另一个可以辨识的特征是被他们特别的想象力激发出来的，那就是自由，这可不是指幻想成为好莱坞出品人或导演的那种典型的西海岸白日梦。作为一名科技创业者，没有要汇报的顶头上司，没有投资银行的董事会，也没有股东，除非公司公开募股了——这也就基本上就意味着退休了，至少是从这家公司退休了。

那是种已经弥漫在整个帕罗奥多市的没有束缚的生活氛围，每条大街上都随处可见。类似帕罗奥多市的Coupa咖啡，还有桑尼维尔市的Hobee's咖啡这样的咖啡厅都供应正餐，人们带着笔记本电脑一坐就是好几个小时。所有人都努力尝试着想出个创意成为下一个Facebook，而且他们真心觉得自己可以做到。这是个根本不存在所谓"规避风险"的地方；硅谷用白日里工作带来的刺激，弥补了这里对夜生活所缺乏的激情，刺激感大多源于每天都要赌一赌下一个伟大创意会是什么。

新技术总是不断涌现的：例如，现在不论在帕罗奥多市还是旧金山国际机场，都有越来越多的餐厅用iPad代替服务员。

经过了一整天漫长的编码、用餐和健身，晚上的狂欢派对很早就结束了。帕罗奥多市十点钟后就暗下来了，除了一排排还亮着灯的明亮窗户。那是软件工程师们还在工作，直到第二天清晨。不过，大部分人还是在为即将到来的周末养精蓄锐。Mint（一站式个人理财助手）、谷歌，还有像问答网站Quora等其他公司，都会有集体跑活动，有些公司还有群体瑜伽。帕罗奥多市的零售区经常穿插着由地区金融家们的太太经营的健身房店面，比如戴安·吉恩卡洛开的一家叫作第三道门的私教健身俱乐部，客户可以来这里做一项30分钟时长的"身体大满贯"健身项目，专门针对初创企业的工作日程而设计。

这种充分利用短暂闲暇时间的活动往往是为了体验。例如，Mint的创始人艾伦·帕兹尔就不买豪宅，而是去"史诗"之旅。通过一个叫Pingg.com的邀请应用，他与其他三十位创业者正在组织一场向北两小时车程的活动，其中包括他的朋友、广告交易平台AdBrite的创始人菲尔·卡普兰和特斯拉的埃隆·马斯克，在那里他们都将会带上自己的设备，包括绳索、下降要用到的溜索等。

在离开财捷公司（Intuit）前，帕兹尔用自己的业余时间拿到了飞行执照。这之前的那个周末，他和幂集引擎（Powerset，搜索引擎公司）的创始人巴尼·佩尔一起乘坐佩尔的新飞艇去兜风，测试了飞艇的月球登陆雷达。这大男孩没开玩笑。要是硅谷新造就的这批百万富翁一直保持这个速度，从现在开始再过几星期、几个月或者几年，他们就会去登陆月球。帕罗奥多市已经成为一片应许之地，甚至比肯·克西的鼎盛年代更疯狂，"疯狂"在这里是种赞美。

硅谷不看血统，一般来说，出身低微在这里不丢人。到

2014年为止，每天都有上百人从东海岸、欧洲、亚洲来到硅谷，全都想创造出最好的新企业，或者至少在这里赚到钱。他们被这个能依靠自己专长，至少是基本技能的地方吸引着。核心工程和企业软件公司基本都位于硅谷南部的库比蒂诺市和山景城。山景城还有生物科技公司，一直延伸到门洛帕克市。消费者互联网公司现在统治着旧金山市特定的一些地区，比如一下子繁荣起来的教会区，推特已经占据了全区所有街区——那可是旧金山的街区，从前美国商业精英聚集的曼哈顿那小得可怜的街区跟这里可不能同日而语。

现如今，这地方由一群志向远大的孩子所创造的新产业完完全全颠覆了各种旧行业，令想成为这里一员的人无法放弃。唯一的问题是：到了这片应许之地，你如何修成正果？

第1章

"20 under 20" 创业实验征集令

强纳森·伯纳姆想到小行星去采矿。他一直有点与众不同。他读的既不是课本,也不是暑假书单上的书,而是柏拉图、亚里士多德,还有现代"新反动派"思想家柯蒂斯·盖伊·雅文,笔名叫孟子·莫德伯格。伯纳姆认为自己是个自诩的自由主义者,一个出于自发的动力去学习的"自主学习者",所以也不需要老师告诉他该做什么。他是个差劲的学生。

2011年,到了强纳森高中最后一年的春季学期,他总共申请的10所大学中,除了马萨诸塞大学,全把他拒了,而这所马萨诸塞大学,离他住的马萨诸塞州牛顿市,不过10公里多点。不过他其实也不在乎,因为没什么兴趣再忍受四年枯燥的上课和更没劲的考试。上大学对他一直想做的事是种干扰,他想去宇宙，去小行星上蕴藏的珍贵矿藏中捞上几万亿美元。

伯纳姆不是个妄想狂，他知道自己在说什么。大部分同学读《德伯家的苔丝》和《了不起的盖茨比》时，他已经在研究S-型（硅质）小行星上的镍、钴和铂。毕竟他上初中时早就读过每一本F.斯科特·菲茨杰拉德的书了。他长着明亮的蓝眼睛、金发，看起来总像在坏笑，受女孩子欢迎，高中时期短暂的男欢女爱也曾让他分过心，但强纳森还是花了大量时间在他崇高的兴趣上。他拖着不做在他看来毫无意义的作业，上网满世界搜，想着碰上些想法有意思的博主，哪怕只比他们老师有意思一点也行。

他最喜欢的博客叫"不合格的保留地"，博主是个叫孟子·莫德伯格的新反动派，真名叫柯蒂斯·雅文。雅文是个生活在硅谷的软件工程师，他在博客的"关于我"一栏里把自己描述为"固执又无礼"，这一下把伯纳姆吸引住了。

有一天晚上，强纳森正在看莫德伯格的博客时，看见一个新帖说有个叫"20岁以下20人"的奖学金要征集申请人。这个奖学金由蒂尔基金会资助，给20名不到20岁的学生每人10万美元，让他们在受资助期间辍学创业。辍学？伯纳姆都不用人劝。他也不知道父母（一个是牧师，一个是金融投资人）知道他要辍学会怎么想，但他当时就是好奇，想多了解一下这个奖学金。

蒂尔基金会可以说是一个王国慈善的臂膀，它属于彼得·蒂尔，创始人基金的创办者兼主席。创始人基金是硅谷主要的风险投资公司之一，曾经投资过流媒体音乐定制服务平台声田（Spotify），以及共享打车服务应用来福车（Lyft）。伯纳姆把文章挨篇点开看：不论是《福布斯》杂志的一篇讲述蒂尔的厨师和管家的文章，还是《财富》杂志的一篇把蒂尔称为全美最优秀的投资者的文章。

2011年，年轻的蒂尔44岁。那时候他刚刚在2010年秋天召开的TechCrunch颠覆大会上宣布要成立这个奖学金。会议是由科技播客网站TechCrunch资助的，这个网站致力于报道与硅谷有关的新闻和小道消息，同时制作科技企业名录以提供服务，列出创始人、投资人和融资轮。起初，蒂尔宣布这个消息是为了引发人们对高等教育问题的关注，在他看来上大学是在浪费时间和金钱。他还怒斥大学总在宣传政治正确。蒂尔选拔出一组本要去念大学的高中生，要他们提早开启他们的人生征途，希望通过这样来证明大学模式已经过时了。伯纳姆已经熟稔蒂尔开展的一些项目，也对他时不时冒出的稀奇古怪的想法习以为常了。蒂尔运营了自己的对冲基金——克莱瑞姆资本管理公司，也通过创始人基金资助了硅谷的初创企业，可他依然对追根溯源有着强烈的嗜好，不论这看起来有多么疯狂。

其中之一就是海洋家园协会，这个项目是要在海上创建一个自由意志社区，并且人们能够以50万美元的价格购买一座小岛，自己治理。海洋家园协会的领导人是前谷歌软件工程师帕特里·弗里德曼，现年39岁的他是经济学家米尔顿·弗里德曼的孙子。帕特里和莫德伯格的见解经常会从对方的博客上弹出小窗。伯纳姆也就经常看到弗里德曼的自由主义冥思，因而当他在莫德伯格的博客上看见这个奖学金的广告时，17岁的他很清楚，他必须去申请。

申请时被问了些类似"有什么是你相信而其他人都不相信的？"这样的问题。伯纳姆有现成的答案：几乎一切。他表面上看起来是个典型的高中毕业班学生，举止欢快，性格开朗，而实际上他就像是生活在另一架飞机里，徘徊于所有同龄人之上。他的思想翱翔于天际。

如伯纳姆所见，那张申请表并非只是硅谷的入场券，而且是一条能让他去到更远的边界的通道：宇宙。

如果有人能帮他去那里，那这人一定是蒂尔这样的性格，有大想法、逆向观点，而且愿意支持疯狂的设想。赢得这个奖学金能给他一条出路，让他不用再多受几年灌输式教育之苦，那对他来说从来都是毫无意义的，还能给他一个机会去全身心关注这些格局更大的问题，不久后他就能听到整个硅谷都老生常谈地把这叫作"改变世界"。强纳森不仅仅是想要成为一名蒂尔学员，他更需要成为其中一员，否则另一条路简直会压抑到令他难以想象。

他认为在硅谷，人们或许会严肃看待那些放到波士顿会被朋友和老师嘲笑的想法。那里的人没准也相信他们哪天就能在火星生活。往西部去，到了那应许之地，当谈起开采小行星能赚钱时，那里的人不会像看疯子一样看他。

这样想着，他就开始写下他的回答。我们为什么有必要去宇宙？"地球的核心处蕴藏着最令人难以置信的重金属主矿脉，"问题是怎样接近这些重金属。他解释道，"密度大的金属长久以来陷在地球深处。"伯纳姆一直想要找到一种方法至少挖出其中的一部分。他不明白怎么以前没人这样做过。

他对申请表的第一个问题想得很仔细。大多数人不认为我们急需要去宇宙，他们坚信着一套强纳森不相信的信念。实行民主，为一个人。为什么，他就好奇了，为什么每个人都这么盲目地相信民主？相反，强纳森认为，民主实际是寡头政治：是由少数人选出的政府。他从莫德伯格的博客上借鉴了这个想法，然后在柏拉图那里发现了相同的观点。"柏拉图很了不起"，他实事求是地说。

强纳森的一些政治观点源于他读过的法国大革命历史,以及爱尔兰裔政治思想家、18世纪英国国会议员埃德蒙·伯克的著作。他一生都在思考君主制和民主制怎么会如此相似,从都是少数人统治多数人这个方面来说。

伯纳姆好奇为什么他朋友当中没有一个人提出过这个他一直在思考的问题,又为什么他的老师总是说他的打断很烦人。他觉得他和所有他读过的作者没什么不同,除了和他们遇到的人不同之外。他怀疑自己是不是受这些博客影响,受别人观点的影响太大了?

接下来的一道问题是强纳森打从记事起就一直在思考的:你会怎样改变世界?

伯纳姆研究了许多小行星。比方说,他就不明白为什么有那么多人反对1996年NASA在其未命名的爱神星(Eros 433)小行星探索项目上花费超过2.24亿美元,而他确信漂浮在那颗小行星上空的白金和黄金会价值数万亿美元。后来飞船花了四年时间降落在坚硬的太空岩石上,又绕着它运行了12个月,收集了重要的基础数据。

怎么技术还是没有进步?强纳森想不通。花费还不到几亿美元,为什么就说爱神星上不可能储存着净重量487公斤的矿石？他研究了爱神星的方方面面。那里的风是太阳风。山丘矮小，风力很强，那么为什么他们不利用太阳风来移动矿石？他不断追问。

伯纳姆认为唯一昂贵的费用是在于如何到达那里。得知维珍集团的创始人理查德·布兰森正在考虑用他的太空旅行公司维珍银河把人送到宇宙中去，他至少为之振奋。这个少年对太空探索技术公司（SpaceX）和蓝色起源（Blue Origin）这两家公司寄予厚望。火箭技术公司SpaceX的创始人埃隆·马斯克是蒂尔的朋友，也是贝宝的联合创始人，而Blue Origin是由亚马逊的创始人杰夫·贝佐斯创办的。

伯纳姆也在想，政府会不会对此根本没做过任何努力，就像那些家伙一直以来那样。不过他们确实没去做的是开发机器人去小行星采矿。伯纳姆想实现这个事。"实际上我认为这事不是根本不可能办到的。"他在蒂尔学员申请上这样写道。机器人要做的全部事情就是挖矿。

强纳森认为机器人会开采矿藏，再把矿石带回地球进行处理。终有一天，处理矿石将可以在宇宙中完成，但他认为这道工序首先会在地球上进行，尽管回运过程中会损失掉一些矿石。他还想过怎样把这些大块的石头从地球轨道运到地表。他反复思考过，可能金属箔、降落伞或者气球会管用。大石块必须得足够小,才能在大气层里烧光,这样它们在运行轨道上才会被分解到海洋里。"我可不想在哪个大城市再导致另一起通古斯事件,小城镇也不行,"他在申请中这样写道,"糟糕的宣传。"他指的是1908年发生在西伯利亚的大爆炸,当时那颗巨大的小行星被认为重达2.2亿磅,时速33500英里,在距离地面5英里高的空中瓦解,引起了这场大爆炸,其威力相当于后来投放到日本广岛的原子弹的185倍。

一定有人已经考虑过这个做法了,伯纳姆自忖着。或许是SpaceX?无论是谁,他都想见一见他们,并成为他们探索团队的一员,或许还会成为一场竞赛,要是有很多人致力于此的话。"最先到那里的就会成为下一个标准石油(埃克森美孚的前身),"他思索着,"无论如何,这是我能想到的最快的方法了,用来实现过去五十年里宇宙探索的梦想之一:从宇宙中获利。"

但对于强纳森来说,宇宙最令他感到兴奋的是新疆界想法,或者叫"下一个疆界",他讲道:"宇宙是巨大的。我敢打赌要是有一群人想要完全推翻美国的法律和道德准则,创造一个新社会,那宇宙一定大到他们随便找个地方就能这么做。"这地方会成为一个新的马萨诸塞州的普利茅斯;或者弗吉尼亚州的詹姆斯镇;再或者是旧金山或盐湖城。他写道:

"宇宙能满足人们对充当开拓者的那种最本能的冲动。"

当伯纳姆告诉他父母,说自己要去申请蒂尔奖学金时,出乎他的意料,他们并没有把他赶出家门,也没有惩罚他,反而表示支持。他们一直以来都不知道该拿这个不同寻常的天才儿子怎么办好。他们没办法让儿子感兴趣的问题和想法与众人皆往的学术道路不相冲突。他的那些想法跟任何同龄人比起来都超前太多了。

伯纳姆的父母认为他去上大学可能会学到些东西,不过从大学体系之外他能学到的可能会更多。他的父亲史蒂夫·伯纳姆接受《纽约时报》采访时说:"如果你有能战现状的生涯,那我会说上四年大学很有可能会把人耽误了。"

强纳森的父母找不到任何一所与他年龄相符的学校能让他感兴趣,他也不想结束教育去做弗里德曼或者莫德伯格那样的网络英雄。而这个奖学金则是由一个真正有着优秀成绩的人开设的。而且不知何故,这个奖学金看上去确实挺适合他们这个想法总是神秘莫测的儿子,而且他也对此颇感兴趣。他没准还是新一类型的奇才出现的前兆:自我导向型学习者,这种人具备一应杰出的综合技能,就对培养方案提出新的要求,而东海岸常春藤覆盖的这条路线上还没有出现适合这个类型的培养方案。尽管他们的儿子很聪明，但从私立学校到寄宿高中，再到大学，这条轨迹对他却不适用。这个蒂尔奖学金就算再糟糕也至少是个得体的选择。

几个月后，在伯纳姆收到的大学拒信堆里，蒂尔奖学金最后一轮的接受信欣然而至。对他来说，这是他跟宇宙距离最近的一次了。对伯纳姆家来说，这信也是指向某种方向——跟他们担心儿子到马萨诸塞大学后的感受相反的某种方向，在大学他没准会感觉比上高中更枯燥而难以忍受。

伯纳姆已经通过两轮电话筛选了；第一次是他的博客英雄帕特里·弗里德曼打来的。弗里德曼协助蒂尔管理这个奖学金，以及选拔最后的入围者。"我们聊了不少小行星采矿的事"，伯纳姆回忆起电话内容时很兴奋。接着第二通电话是丹尼尔·史卓克曼打来的，她受雇于蒂尔基金会，负责系统安排学员们到达加利福尼亚后要做的事项。

到了这个环节，伯纳姆和他父母都发觉，这个奖学金的筛选流程比常春藤院校的入学资格选拔更为严格。到最后的入围者相互见面时，他们当中大多数人已经被哈佛、耶鲁、普林斯顿等享有盛誉的大学录取了。然而，他们仍然选择了这个奖学金。最终入围名单曝光了，使得这些人瞬间成为引发媒体浓厚兴趣的对象，被全国各地的媒体频道争相报道。

正如强纳森对《时代》杂志所说:"这个奖学金把机会也给了那些性格特点不那么适合学术教育模式的人。"

2011年春季,最后几轮选拔在旧金山的凯悦酒店展开。地点设在酒店的地下会议厅。家长和入围者一边漫无方向地穿行在这个庞大建筑地下一层的宽敞大厅中,一边请工作人员指明去蒂尔基金会活动的路线。当他们终于找到这个小房间时,伯纳姆和其他近四十名候选人聚在一起。他们在房间外狭小的候场厅内紧张地走来走去,等待着进入会议厅去做一个简短的陈述。人们三五成群窃窃私语着,好奇地议论其他入围者都是谁。

在门外紧张地等了几分钟后,他们朝会议厅鱼贯而入,进去后看到蒂尔本人站在演讲台上,下面还坐着着装休闲的旧金山技术大咖们。这些人会成为最终入选者的导师。三月的那一天就是所有选拔流程的最后一轮。每名候选人陈述完后,所有人一起参加了在蒂尔家里举办的记者发布会。之后,听众评委就会填写学员排位表。再过几周后,排名前二十位的入围者出炉。

蒂尔生着一副棱角分明、表情丰富的面容,而且行为举止直截了当。选拔当天,他跟往常一样穿着合身的牛仔裤和POLO衫,还有运动鞋。他对公开演讲早就习以为常,因此讲话干脆利索、口齿清晰，表达自己许多富有争议的观点时也没有多余的强调和赘述。他运用逻辑完全理性地表述了放弃学院教育的理由。

蒂尔跟房间中许多在座的人一样，无论是技术高管还是这些抱负远大的学员，他们都不是你会在曼哈顿的鸡尾酒派对上看到的那种与人闲谈的人。他们不会轻松自在地社交，也不喜欢闲聊。有一些人还笨手笨脚的。比方说，马克·扎克伯格，他就真心不喜欢跟人闲聊。就算他去了一个派对，他也宁愿找个好朋友聊天，要么就是找那些他认为睿智到无与伦比的人。社交晴雨表在这些人中当真是毫无意义。

演讲过后，蒂尔时而被问到，他是否认为硅谷有一个较高比例的阿斯伯格综合征人群。他对这个问题嗤之以鼻，并认为这是那批不理解这个病症的人形容社交障碍的唯一方式。他甚至不相信，谱系障碍，或一系列的障碍，可能是自闭症或阿斯伯格综合征症状的社交障碍的变异。在《精神障碍诊断与统计手册（第五版）》里，其实阿斯伯格综合征以及泛自闭障碍的表现都远远不止是社交障碍——患者会产生学习障碍、精神发育迟滞、焦虑症、图雷特氏综合征，连同其他轻微的疾病。

但是在硅谷，这样的行为被称为"阿斯伯格范"。如果要从两个技术能力相同的软件工程师里选一个，雇主往往会挑那个口齿结结巴巴的,而不会要那个能言善辩很健谈的,无论何时。有些雇主招新时甚至会不明说地找那种不善社交的人。招聘人员有种感觉,这样的人更趋向于高产。

蒂尔从来不是一位鸡尾酒派对文化的簇拥者。他不喜欢谈论像天气、职业这种平凡的话题,不喜欢为了谈话而谈话。他在这类话题上的沉默寡言让人们觉得他不好相处。蒂尔毫无疑问是能谈论天气的;他只是不明白自己为什么要浪费时间去这么做。每当谈到他感兴趣的话题时,蒂尔是极富魅力的,和强纳森·伯纳姆很像。伯纳姆在聊天的头几分钟会表现得很开朗又充满活力,但十几分钟后,他就会明确表现出自己根本没兴趣转换话题,换言之就是不想去谈论别的话题。

这种性格或许没法令一名未来的程序员或者软件工程师进入哈佛的私人社交俱乐部,就像Fly俱乐部或Spee俱乐部那种类似校园版兄弟会的会员制精英社团,但对于程序员来说,加入那些社团的人就如何如何了吗?如果对于解决工程学问题没有帮助,也不能有助于给新公司写代码,那社交礼节有什么用?这种性格存有一种理想主义,就是认为社会认知可能会在一定程度上审查个体。从这点上看,他们不屑于谈论那些"别人"很难回避的话题,那些整天聊天气的人,没法理解不按常理思考的复杂性。

当天下午,蒂尔正在满怀热忱地解释,为什么年轻人会在自我教育方面做得更好,以此来反对去花钱就读于一所四年制的教育机构。"所有杰出的创业者都对教育和自学有着天生的热情",他指的是凯悦会议厅里这群五十人上下的教授、企业家、投资人和好友们。"从来不存在开始得太早这种事。"他说到高中是个让人分心的地方,没法好好思考人生真正要干什么。"你会失去对于未来计划的远见和动机。"他补充道。

会议厅中的投资者们已经对这些话深信不疑了。这些人当中的大多数都是靠着不因循守旧的思考方式,或是这样那样独辟蹊径的道路取得成功的,不论是从博士研究项目上辍学,还是拒绝一份任职于银行或咨询公司的工作。没有任何一个人表现出曾有过在特大企业任职的经历,像高盛或摩根斯坦利这种。至于申请者,单是成为蒂尔的听众就已经令他们欣喜了。他们眼下还没想过这样一种新型的方案会牵涉到什么,他们会住在哪里,怎么去住的地方,甚至连具体要做什么也还没想。

蒂尔接着讲了一段Facebook早期的轶事。他说早在2006年,有人给马克·扎克伯格十亿美元,要他卖了这家公司,当被这位创始人兼首席执行官拒绝了,因为今后他对这家公司还有其他的计划。现在,Facebook价值超过了一千亿美元。要是当初过早地卖掉了这家公司,那他就不过是又一个软件工程师,尽管是数一数二的。

"你不用固执己见,但必须要有计划。"蒂尔强调着,补充说道。现今的学生把上大学视为通往职业生涯的一个途径,可是经济衰退后,大学毕业不那么容易找到工作了。而且这还成了一个恶性循环。原本以为去上大学就能给学生更多的机会,让他们毕业后走上预期的职业生涯,比如银行业或者咨询业。但是,那些工作还不是最终目标,那只不过是为了下一步能有更多的选择,不管是什么样的选择。有可能是让他们有一天能被某些研究生院录取,那以后就又能有更多的选择。然而,经济衰退修剪了这棵"选择的大树",这让那些没有计划的学生只能对不断扩大的选择空抱着乐观的期望,最后往往就回到父母家住了。蒂尔是这么说的,"什么计划都比没有计划强"。

听众看上去像是已经完全接纳了蒂尔的建议。不论是英国剑桥大学的教授、胡子两英尺长的奥布里·德·格雷博士,还是穿着Fives系列帆布鞋、留着山羊胡的帕特里·弗里德曼,没有一个人看着像是还赞同那种培养东海岸精英的教育机构。下决心要"治愈"衰老的格雷教授在现场协助选出最后的二十个人,而其他几位导师协助筛选掉淘汰者。他们的影响力不久就会水落石出了:至少有半数学生上台时发表了有关科学或生物技术领域的见解，这当中包括新西兰裔天才劳拉·戴明，12岁就加入了麻省理工研究实验室钻研长寿；还有英裔的詹姆斯·普劳德，以一句"哪怕是想要上天堂的人也不想为了天堂而去死"结束了他的生物科技宣讲。其他人的理念则更赶时髦，例如保罗·顾，一开始是涉及社交媒体或者电子商务，后来转型为一家经营个人放贷的初创企业。

回想起2010年12月公布最终人选的时候，基金会明确传达了他们的意图，那就是不想再要社交网站了。蒂尔基金会的书呆子主席强纳森·凯恩对此表述为："或许再出一个汤博乐（Tumblr）轻博客会改变世界，但很肯定的是，这不能帮助任何人登陆火星"。凯恩是耶鲁大学的毕业生，曾经为乔治·W. 布什写演讲稿，但后来看到了硅谷的光芒。他开始为蒂尔做政治募捐工作，大部分捐给了自由主义者以及共和党事业。后来他转向慈善的一面，去资助慈善领域中不平凡的项目。他不打算支持大型城市动物园或者博物馆，也不准备搞庆祝活动去号召拯救北极熊或者威尼斯，而是想寻找已经很好而且很有前途的项目，资助其变得更好，比如资助杰出的科学家探索更快的方法进行DNA定序。

用凯恩的话说，"我们要找的不是下一个Facebook——我们是在寻找那些想法超越当代全世界其他人二至十年的人"。

这是个艰巨的任务，一个艰巨到哪怕对于这些填写申请的、多数都还在上高中的少年来说也不得不绞尽脑汁才能想出来的超前创意的任务。不过在这之后，就到了看看硅谷诞生的初创企业有何其多的时候了。基金会已经从四百名申请者中挑选出了最后这四十位入围者，其依据是这些申请人回答问题的原创性以及所给出的理由是否令人难以抗拒，比方说这个世界现在最严重的问题是什么，以及为什么他们的想法"就是绝不能耽搁"。这四十位候选人提出的想法在基金会看来是一反常规的。那些落选的要么是采用了老生常谈的创办社交媒体公司的创意，要么就是重复了已有的观点。基本上，挑选出来的这四十人都是另类的。或者换句话说，他们适合这里。

在蒂尔演讲后不久，这些入围者一个接一个地走上演讲台，开始陈述。其中一些人的身高甚至才刚刚勉强能让观众看清。强纳森·伯纳姆是前几个上台的人之一。这前几个人有的口沫四溅，有的结结巴巴，还说了很多晦涩的科技术语，但是绝不会有人听错伯纳姆在说什么。从他迈上演讲台那一刻，抬头看着听众开始说话时，他就像是被艾茵·兰德1943年出版的小说《源泉》中立场坚定的年轻主人公霍华德·洛克附体了一样。强纳森好像完全没意识到他的想法有多么令人惊讶，以至于他用近乎于聊天的口吻说出了："我要去开采小行星。"

他坚定的措辞和蒂尔很像,这让人清楚地知道他不是在开玩笑。所以没人笑。伯纳姆继续解释说,他的目标是开发宇宙工业技术,用于到小行星以及其他星体上采矿,比如说到彗星去开采金和铂。他精确地列出了想找的化合物和元素。"有数千亿美元就在那里,在宇宙中,"他说,"所以才计划去找到它们。"伯纳姆得到了热烈的起立鼓掌。

劳拉·戴明,她是个十分引人注目的天才少年,有一半亚洲血统,看起来就像个学校里的不良女生,但配上快速的言语和繁忙的手势,她演讲时听着更像个疯狂的科学家。她又黑又长的头发稀松地打着卷,勾勒出她那张瓷娃娃一样的脸。她还很高,披在黑色迷你裙里面的牛津布衬衫裹着她婀娜的体形,下面穿着长袜。戴明左右来回挥动着她那柔弱的胳膊,仿佛一位嗔怒于自己乐队的指挥。

从12岁起,过去四年里她一直在老年医学实验室任职,她还说到总是缺乏充足的资助来进行抗衰老研究实在令她很受挫。有了蒂尔奖学金,她就能建立自己的私募基金公司,从而资助抗衰老研究取得突破。"我想打破现行的研究惯例,改变当今根植于传统资助模式的激励机制。"她说道。这也不会成为她做过的最疯狂的事。在新西兰,戴明14岁时靠在家自学完成了高中课程,然后被麻省理工录取为全校最年轻的大一新生。

詹姆斯·普劳德,18岁,矮个子,胖乎乎的,来自伦敦南部。他高中毕业后就辍学了,也在入围的人群当中。乍看上去似乎只有10岁,但当他开口讲话时,那低沉的嗓音和英式口音让人以为他得有50岁了。他的演讲顺序靠后。还没被这个项目录取,詹姆斯已经搬到帕罗奥多市了。他高中大部分时间一直躲在卧室里编代码,后来跟父母说,在蒂尔奖学金这个选择出现之前很久,他就已经不想上大学了。他尤其喜欢听音乐会,但是发现找不到哪个网站能把他想去的所有演出都列出来。所以,他的想法是自己做一个名为"现场演唱会定位者"(GigLocator)的网站,把所有大小演出都汇集到一个应用中。

陈述结束后,学员们和他们的父母来到蒂尔的家,位于旧金山市湾区的一座海湾豪宅,在这里参加发布会。希望成为伯纳姆的导师的投资者簇拥着这个年轻的入围选手,集中全部的注意力,用一种好似经验丰富的演员站在红毯上的风范,把目光投向一个接一个的风险投资人。在场的众多投资者已经投资了私人火箭技术公司SpaceX,也就是埃隆·马斯克的得力成果,现在他们想弄清楚的是,伯纳姆的那一套理论到底能不能应用。Powerset以及月球特快(Moon Express)的创始人巴尔尼·佩尔就此向这个少年抛出了一连串的问题。尽管伯纳姆和出席招待会的众多成功企业家一样，都对活动很感兴趣，但他并没有问别人太多问题。他才是今天的主角，而且他也欣然被人围观。

"你要把小行星送进轨道，对吧？"伯纳姆向饶有兴致的人群解释道，"当你把它送进轨道时，必须格外谨慎。"

"你要怎样把它送进轨道？"劳拉·戴明的父亲约翰问他。

"好吧，我想说我必须把它送入轨道。"他说。

"可你还是没回答问题，"戴明先生说，"这个要到什么时候才能实现？"

"世界还没准备好接纳你的想法时，办法通常很简单，"伯纳姆接着说，"等一下。"这话他曾经回答过，这么说的目的一方面是为了逗人开心，同时也是为了回答得干脆利落。他还丢给人群一个狡黠的坏笑，因为他们没有再回应，也没想到更好的点子了。

有位站在附近的满头白发的导师问强纳森对SpaceX怎么看。"我听说埃隆·马斯克是反对开采小行星的，"这位导师接着说，"我听说他现在不想管小行星的问题，而是想集中精力从登陆月球开始。"

"我不清楚埃隆·马斯克反对开采小行星的原因，"伯纳姆回答道，"因为他们的使命就是到达火星，而要到达火星，你就得需要小行星。"没人反驳伯纳姆的话。他知道很多天文学用语，几乎没有常识能用来反驳他。

"相信我，会像淘金热一样的，"伯纳姆兴奋地谈论着通过开采小行星来获得贵金属的想法。"有一颗小行星叫作爱神星，"他向围着他的人解释说，"那上面的金和铂至少值一千亿美元，就像火箭燃料。"

"小行星采矿不仅会打开宇宙的大门，更能让宇宙有利可图。"他继续说着，一副很不可思议以前从没有人这么想过的样子。说不上为什么，这个18岁的小子言之凿凿的傲慢口气，竟然还给人一种很可爱的感觉，一种吸引你去支持他的特质。看着他闪闪发光的蓝眼睛，渴望的表情，还有无时无刻不挂在脸上的微笑，他对自己的主题素材这么了解，你会不由自主地想象有一天在新闻头条上看到他的名字，然后心里想着："那时候我就知道他能行。"

华尔街"数字"的硅谷版就是那种估值十亿美元、有能力"改变世界"的公司：这个"数字"是指华尔街银行家传得沸沸扬扬的一个数目，用来形容他们计划要赚到的钱数。然而在硅谷，这个目标被远大抱负包装得神圣起来。创造能颠覆一个行业或者影响未来的事物，想出这样的点子就是这房间中一些宾客所做的事，比如卢克·诺赛克参与联合创办了贝宝，肖恩·帕克创立了纳普斯特（Napster，P2P文件共享服务平台）。对于他们来说，讨论那些非同寻常的点子并非像字面上看起来的那么言过其实。

毕竟1998年的时候，蒂尔宣称说"我要创造一种网络货币"，也就是贝宝，他就真的做到了。现在这里有人宣布要终结衰老，或是要开采小行星，也是指出了方向。这些入围者，全都有着超乎他们年龄的睿智，并且狂热地专注于他们的项目，而且还着了魔一般坚信自己的想法杰出到无以复加。对于他们当中的任何一个人，问午餐晚餐这种问题，比方说问蒂尔，得到的回答不会超过一个字，可要是问他们希望创立什么样的公司，他们就能开始一段口若悬河的独白。演讲的长度则取决于聊天对象，谈话有可能会变成一场持续四个小时的激烈讨论，甚至有可能最后诞生一个初创公司，但也有可能是赶紧瞟一眼找找房间最近的出口在哪儿。

几个星期之后，伯纳姆和父母正在去纽约的途中。他们本来要在Aureole餐厅吃午餐的，那是一家宽敞的三星级餐厅，服务生通常像古董餐厅一样戴着白手套为客人服务。自从经济萧条以后，这种东海岸的奢华大多已经消失了。

伯纳姆恰好那时候得知自己赢得了奖学金，这让他兴奋至极。蒂尔基金会还安排了一项活动，就是在Aureole餐厅宴请已经被选中，但尚未接受奖学金的学员们。这样做的目的是让学员们的家长放心。

在春日一个晴爽的周六，快到中午时，来Aureole就餐的游客们惊讶地抬头看着一群十几岁的青少年，跟随着女服务生一股脑涌进了一个单间。那间包房空旷又正规，看上去就像是完成交易后，去庆祝升迁的地方。蒂尔基金会安排胜出的学员及其家长在这里借着午饭的机会互相认识，同时让他们做决定，看要不要接受基金会的录取通知。对于这些父母来说，他们的孩子现在已经在这个项目中有了一席之地，一些家长就会开始担心孩子要独自搬到西海岸居住，融入公司，以及要找房子等事情。

蒂尔基金不会为学员提供住处，但是每周会为他们举办社交活动、午餐、讲座，以及金融物流方面的帮助。蒂尔基金会的联席主管兼克莱瑞姆资本管理公司董事经理欧嘉明还将带领他的团队组织学员参加入学指导和专题研讨会。

欧嘉明四十岁出头，长得高高瘦瘦的，带着一种学究极客范，两边衣领上滑稽的领结是他标志性的特质。到晚上，他经常穿着一件红色的天鹅绒休闲西装去参加晚宴派对。那天，他自我介绍时，说他和他当时的妻子住在马林县，在那里他和妻子两人亲自在家教育三个孩子。

强纳森·伯纳姆的父母,斯蒂芬和克莉西亚·伯纳姆也赞成让儿子加入蒂尔奖学金,还说他们在校外教给强的东西比他上学学到的要多。斯蒂芬毕业于达特茅斯学院,克莉西亚毕业于史密斯学院,之后他们相识于纽约,斯蒂芬当时在纽约做一名股票经纪人,而克莉西亚当时是《世界时装之苑》杂志的一名助理职员。他们现在居住在马萨诸塞州牛顿市,就在基金会举办午餐活动的当天早上才飞抵纽约。吃饭时他们眉开眼笑地向另一位入选者大卫·莫菲尔德的父亲做了自我介绍。这位父亲也是刚从新加坡来到纽约。

"强以前在学校时总是搞事,"斯蒂芬大笑着夸口道,"他还把椅子挡在办公室的门外。"斯蒂芬把他儿子的叛逆性格看成有创造力的一种表现,进而以此为证据说明他适合这项奖学金。"在中国,富有创造力的人并不是那些在学校里表现好的人,而恰恰是这些有创造力的人去办公司创业,"他接着说,"学校就不是给强这种人准备的。他比其他孩子超前四年。"

伯纳姆说出了他们现在对蒂尔奖学金的看法,认为这个奖学金是象征社会地位的一种新标志。对他们来说,这就等于说他们的儿子可以去哈佛,但他为更好的选择把哈佛拒了——哪怕实际是强没能进哈佛。他们的儿子成为蒂尔学员还进一步证明了他潜在的天赋，而有了这个前提，他选择退出大多数人都遵循的典型成长道路，以及那些年在学校他一直表现不佳，就都解释得通了。现在，强得到了硅谷传奇成功人士的认可，走上了一条新轨道，一条他父母希望能够比上大学令人更佩服的轨道。

午餐开始时，欧嘉明绕着长长的餐桌，示意每个人落座，家长们也随之点头会意。

长桌的另一端是入选者强纳森·玛尔巴切的父母，约翰·玛尔巴切和雪莉·普雷斯勒，以及另一位入选者苏杰·蒂尔的父母，普拉文和塔纽·蒂尔。玛尔巴切看起来像极了运动男。这个高个子运动型的高中毕业班学生长着浅灰色头发，又大又圆的眼睛，鼻孔外翻的鼻头像个滑雪跳台，看着像是那种很有女人缘的男性。他比其他人健谈，也更合群，很明显他会在意别人喜不喜欢他这种事，而其他人则表现得对此毫不在乎。跟其他入选者相比，他很轻易就能交到朋友。

"说起来好笑。"玛尔巴切的母亲雪莉说，"但作为父母，我们一直觉得这事挺奇特的，因为我们这辈子都在给强纳森存钱上大学，而现在他用不上了。"雪莉顿了一下继续说，"不过现在好像是单单被选中获得这个资格，就已经代表了很高的地位了，所以加入蒂尔奖学金其实比上大学要更优秀。"

她表达得很机智,听着就像是她从没认过死理,也没有要求她的孩子必须去上大学,然后现在则做了不支持孩子上大学的决定。

"没错,就好像说你用不着去哈佛了,所以说明你的水平已经在哈佛之上了,"她丈夫接着说道,"我们总是为了孩子上大学这事存钱,一直是这样的,而现在那一天可算到了,而强纳森用不上了!"他补充道。他们开怀地笑着说,"也许咱们该去旅行了!"

围坐在桌子旁的家长和入选学生做完自我介绍后,这些孩子腼腆地相互打了招呼。欧嘉明起立对大伙发言。

"彼得的见解是,此前五十年当中,我们所有人都已经习惯了稳定的经济增长,以及一连串持续的创新和高产,而现在创新的舵轮慢下来了,经济增长也是如此,"欧嘉明说道,"彼得对此十分担忧,他担心目前的创新迟滞,所以他在尽一切努力去提高创新的速率。"

欧嘉明继续解释说,从利润角度来看,蒂尔将会为能够达成这一任务的公司投资,而从非营利的角度来看,也是在投资前途无量的青年创新者。这就是蒂尔基金会诞生的原因。"在投资科技领域的年轻人方面,蒂尔已经有了一些非常杰出的经历。"欧嘉明接着提到了威廉和麦克·安德雷格两兄弟,他们也是从大学辍学后创办了 Halcyon Molecular 公司。尽管现在倒闭了,但他们这家基因扫描公司的市值曾一度接近1亿美元。

"再者说还有个孩子曾经来找他给一个叫Facebook的社交网络公司投资,"欧嘉明笑着说,"而他也投了。"

由于众多入选者都关心他们成为蒂尔学员之后可能会想更换创意怎么办,因而欧嘉明尝试着讲一讲当初彼得及其联合创始人在贝宝启动之前,是如何颠覆性地变换创意的,以使他们放下心来。起初,蒂尔想的是通过带有电子邮件功能的掌中宝(Palm Pilots)实现转账付款。作为创始人之一的埃隆·马斯克创办了竞争性网站X.com,这是个金融服务公司,其网站的唯一功能就是电子邮件支付。这两个创意最终被合并到一起,并且第二个功能被视为创意的主体,这样就开创了现在的贝宝。

早前在旧金山飞往纽约的飞机上,欧嘉明、蒂尔以及卢克·诺赛克当时在讨论创新需求,他们首先想到的是,要有一群25岁左右的年轻人提出创意,给他们提供投资的对象。不过后来他们意识到,大多数人二十五岁时,要负担学生贷款,或者被束缚在既定的职业道路上,再加上他们认为有天赋的人在25岁左右时已经会拥有能拉来投资者的社会渠道了。

"但是世界经济需要的是那些处在合适的人生阶段、能够承担一点风险的人们,去帮助有天赋的人开始创新,"欧嘉明解释道,"所以我们就为20岁以下的人设立了这个奖学金,把它叫作'20岁以下20人',这个数目很合适,便于管理。"基金会也会帮这20个人聘请员工,寻找投资人,以及帮助他们推广商业计划。"我现在说的是很坦率的,"他接着说,"我们已经向你们做出了承诺。我们在现阶段是没有任何经济利益可图的,但当你们成功后,我们的确会从中获利。"他最后重申:"你们明白必须为自己止损,而非仅仅是退学。"他还强调:"两年之内,你们始终都有机会再回去上学。"同时,他又补充了一种不同的观点:"有许多人离开校园去创业后,就再也不想回去了,这完全没问题,而也有另一些人又想回去上学了。"

　　欧嘉明还给他们提出了另一种建议,就是去已有的企业里实习,要么也可以去湾区学习如何在实验室里工作,或者学习一下做办公室工作。蒂尔和创始人基金都不会要任何一位学员的公司股票,不过欧嘉明毫不遮掩地表示,学员可以去蒂尔的那些公司里工作。再不然也可以去和他们的导师共事,不过他鼓励所有学员去帕罗奥多市,蒂尔和其他创始人大部分时间都住在那里。

　　有一些入选的人想在去大学报到注册后,只上第一个秋季学期,只要是他们愿意,也可以选择稍晚些再加入蒂尔奖学金。入选者玛尔巴切会先入学维克森林大学，去那里测试他的教育类初创企业，为学生提供网络课程和虚拟教师，用以辅助教师和同学，而跟他一起创业的联合创始人则会直接成为蒂尔学员。他也希望自己能直接加入奖学金，所以急着在学年底退学，而其他学员则认为玛尔巴切的态度不明朗，而且他们也担心一旦他离开后，再回来可能就赶不上其他人的进度了。

玛尔巴切的家人才刚从北卡罗来纳飞过来，此前一天他们去参观了维克森林大学。光是机票他们每人就花了600美元，他父亲到来后显得如释重负，因为不用再多花一学期学费了。

"人们花费20万美元上大学；然后五月或六月份毕业后，各自再都搬回父母家住，"约翰·玛尔巴切说道，"空巢老人又把小鸟们盼回了家。"

大约有一半获奖学员来自移民家庭。泰尔一家是印度裔，穿着正式，其中苏杰·泰尔的母亲穿着保守的淡色裙装，而她父亲穿着深色西装。他们为了更好的受教育机会而搬到了美国。塔纽被华盛顿大学建筑专业的研究生项目录取，而普拉文则获得了制药学博士学位。然而这些年过来，现在塔纽对美国式养育子女和教育子女的方式都大失所望。

"在印度，人都是很精明世故的，"塔纽这样说，"在这里，孩子们在正面引导下长大，而且被保护得很好，所以他们长大后真的很天真，甚至是幼稚。"她承认说，印度也存在"不当教育"，但是至少"教育成本很低，所以也无关紧要。在美国这可是种风险"。

塔纽觉得美国孩子在从学校毕业之前，从来都不了解生活的本来面目。"永远应该先有生活经验再上大学。"普拉文跟着说。她发觉美国的教育轨迹和职业脉络都缺乏目的性和方向性。对她来讲，蒂尔奖学金解决了这个问题。"做这样的事情是要有勇气的，"普拉文说，"蒂尔一直在给孩子们提供支持，迫使他们去打破那些束缚。"

塔纽说很希望她的大儿子希尔也申请了这个奖学金。相反，他到现在还在念斯坦福，虽说他每周为硅谷一家风投公司——柏尚投资，工作三天，去和新创建的公司会面。"我对他说：'你应该去见识一下那种刺激和动力！'"

他另一个儿子，也就是此次入选者之一的苏杰，从8岁开始已经在纽约州北部跟着罗切斯特大学的一位教授做乙醇研究了。塔纽说："就连那位教授都想放弃了，可是苏杰还一直在坚持着。"

全美的教授和学院长们似乎并不认同这项奖学金。2011年，杜克大学和埃默里大学访问学者维韦克·瓦德瓦曾给TechCrunch科技博客写过一篇专栏文章，题目就叫《是朋友就不会让朋友听彼得·蒂尔的教育建议》。在文中，他猛烈抨击了这个奖学金。在美国工程教育学会的工程学院院长会议上，分组进行会议讨论时，瓦德瓦也提出了彼得·蒂尔教育观这个讨论主题。如他所写："大多数参会的学院院长都惊讶得目瞪口呆，他们不相信硅谷居然对这样的事存有争议。我告诉他们，在过去几个月里，已经有超过12名学生跑来向我咨询，问他们该不该退学，那些学生都特别把蒂尔这种人说的话当真。"瓦德瓦采访了三位出席会议的学院院长。其中一位是斯坦福大学工程学院的院长吉姆·普拉默，他把蒂尔的观点和大学生运动员的做法相提并论，那些学生不上学术课程，只管他们的运动项目，最后应征入伍。杜克大学普拉特工程学院院长汤姆·凯兹索利兹说："另一个不应该把蒂尔的话当真的原因是，教育的价值在于其本身就非常重要，这不是职业的经济回报等一些事物可以衡量的。"

讽刺的是，蒂尔自己的本科和硕士学位都是从斯坦福大学获得的，他也常常被问到这种相互矛盾的行为。而他表示，上大学这条路对一部分人来说是行得通的，比如他自己，但对大多数人来说，这条路行不通。他说他改变不了已经发生的事，但如果那时候他已经有了很棒的创业点子，那他也会毫不犹豫地去实现。

午宴上在座的家长认为这些院长的不满是恶意中伤，因为这些人全部的身份地位都系于学术界。他们又说回到关于哈佛商学院的院长认可这个奖学金的讨论。家长们谈到，尽管这位院长并不赞成这种做法，但她会向那些尝试过这个奖学金、之后决定重返校园的人敞开大门。

"她的立场是建设性的，这才是关键。"塔纽说。然而老约翰·玛尔巴切推测，他其他的孩子会走更为按部就班的成长道路。小约翰·玛尔巴切是三胞胎之一。他的姐妹梅兰妮即将在当年秋季入读费尔菲尔德大学的护理专业，而另一个姐妹梅根则要去马里兰洛约拉学院报到。就像是交一份学费还不够劲，玛尔巴切家一下子就面临着三份学费账单。

最终，只有一个入选者当场拒掉了蒂尔奖学金。18岁的泰莎·格林来自康涅狄格州，即将高中毕业。她一直在接受奖学金和入读麻省理工学院之间举棋不定，而她父母则认为她应该选择麻省理工。欧嘉明后来在纽约午宴之后又邀请她吃了一次午饭。为了说服泰莎，欧嘉明这次邀请了付芳颖一同就餐。付芳颖是一位积极热忱的奖学金入围者，凭借自己的创业项目为肯尼亚农村建设了太阳能发电系统——致敬阳光。这两个女孩后来一起住在凯悦的一间客房里。

然而起初格林来到第五十二大街的Fig & Olive餐厅，然后去曼哈顿麦迪逊大街度过作为普林斯顿大学新生的周末时,她甚至对开始讨论这件事都感到惴惴不安。她把头上朝各个方向绽开的棕色波浪卷发向后扎成一个马尾,往上提了提快要掉下肩膀的沉重背包,推了推鼻子上的眼镜。她已经跟父母争执了两周,到底是接受蒂尔奖学金还是去上大学,而她父母说的每句话都在把她往上大学的方向上逼。泰莎的父亲是一名企业律师,一直在用"你打算怎样建立一家公司""你到时候住哪儿""你怎么拉投资"这样的问题对她进行连番轰炸。

不久前,泰莎收到了蒂尔奖学金的录取通知,另外她还被麻省理工和普林斯顿大学同时录取了。她似乎只想赶紧搭上一趟火车,去到大学校园那样一个安全范围里,回到她认为父母希望她做的事情上去。

"你觉得要是我给你父母打个电话,跟他们谈谈奖学金的具体细节,会有帮助吗?"欧嘉明问道。

"会吧,但我不知道他们会怎么回答,"少年迟疑地说,"或许他们知道这个项目有人督导会觉得好一些?"她提议说,似乎只想让欧嘉明不要再游说她了。她必须在下周前做好决定,而且哪怕是Facebook聊天群里所有入选者都在劝她接受奖学金,泰莎还是拒绝了。

然而,伯纳姆这时候已经差不多收拾好行李了。自从前一年冬天摔断胳膊后，他已经一整个阴沉的春季学期不能做任何运动。摔跤差不多是他在高中唯一喜欢的事了。他的朋友都对他拿到这个奖学金感到毫不意外。"大家都很支持我。"他这么说。伯纳姆离开高中较早，他决定在帕罗奥多市远程学习高中课程，直到毕业。

第 2 章

百无禁忌的社交生活

强纳森·伯纳姆从没接触过多情恋群体。从小在东海岸长大的他，总觉得这类事情何止"不会做"，简直连谈都不会谈。2011年夏季，他刚到湾区，没什么朋友和社交，因此就时常跟导师帕特里·弗里德曼在一起。他还去了火人节（Burning Man，在内华达沙漠举办的狂欢节），看到了他从未敢想到过的性组合。

伯纳姆在阿瑟顿市租了个游泳池边的屋子，从他的住处走到任何一个类似商店的地方都要半个小时，也没有任何其他蒂尔学员住在那附近。那些人只知道互相黏在一起。伯纳姆想找人说说话了。他给丹尼尔·史卓克曼打了电话，她负责给学员组织社交活动。

丹尼尔和她男朋友一起跟弗里德曼住在一个叫托尔图加的性开放公社里，往南几英里就是山景城。弗里德曼认同多情恋生活方式，他跟其他八个人住在两间联排别墅里，组成托尔图加，他们也践行了性开放的生活方式。弗里德曼有两个孩子，香侬是这两个孩子的共同家长（指非亲生父母，但对抚养子女负有同等责任的人）。不过香侬和他们的室友威尔也保持着情侣关系；而帕特里和威尔的女朋友迪维亚也是情侣关系，尽管只是偶尔在一起过夜过几次。公社里的所有人都可以随心所欲，想干什么就干什么。他们可以换房间、换人、换房子，然后再回去找自己孩子的共同父母生活，所有这些都不成问题，至少都是合法的。

这样的生活方式令伯纳姆惊呆了，但是从道德上他并不反对如此。他主要是感到迷惑不解，单说他们其中任何一个，是怎么找到一位女性愿意跟他们做伴侣的，更别说还找了那么多。他们奖学金班上大部分都是男性，可是尽管包括他在内的几乎所有小伙子都一眼就看上劳拉·戴明了，可是没一个人追求成功。为了追到戴明，他会用到他能得到的一切帮助。

像伯纳姆这样在学校表现不如意的人会来投奔硅谷，因为他们想摆脱束缚，去做些有创新性的事，然而到了这里以后，这种对创新的追求似乎也传到了性欲上。那些过去在家时恋爱运不怎么好的人在这里找到了希望。他们交到了愿意在床上做试验的朋友，就跟在实验室里做试验是一样的。那些在足球场上或者拉拉队广场上可能从没创新过的人，现在来到了一个鼓励人放轻松，甚至鼓励人"变怪"的地方。

多情恋令伯纳姆着迷。弗里德曼也令他着迷。的确，弗里德曼的海洋家园协会都没像他的性行为那么令伯纳姆激动。他后来回忆当初看到海洋家园协会的真面目时，"他有点无动于衷。"它的设计就是一个带有临时金属遮篷的水泥平台，坐落在海里的出海口处。

伯纳姆从小在东海岸生活，他出身于一个水手家庭。"我们家族的性格特点之一就是热爱海洋，喜欢睡在船上，扬帆起航。那就是伯纳姆家族富有诗意的一面，"他带着失望的神色继续说道，"海洋家园让我深深感到失望的一点是，我感受不到大海的存在。"海洋家园所提出的水上社区构想，作为一个能够来回进出的地方来说差不多可以了，但是作为一个能逃离政府控制的地方还差得太远。这样的水上社区丝毫也不雄伟壮观，缺乏身处帆船中的那种自由感，他这么认为。

伯纳姆有着更为宏伟的自由愿景，包括性方面的自由。多情恋完全不像他以前所想的那样，类似休·海夫纳的花花公子巢穴。不是那样的。这种设定对他来说就像是一所寄宿学校的宿舍，而且没有宿管去巡查违规行为。不过无论如何，弗里德曼仍然很久以来都一直是伯纳姆心中的英雄，他也十分有兴致看一看自己在这里的新生活还包括些什么。

虽说弗里德曼不是那种身高五尺，体重111磅，典型的容易讨女人欢心的男人，但是跟技术咖同类们无论是调情还是其他方面接触相比，他总是无往不利。他追人用的是脑子，还有那种对权威毫不在意的漠视，显然这在硅谷是硬通货。后来，弗里德曼跟他妻子的感情出了问题。相比和弗里德曼在一起，香侬会花更多的时间和室友威尔在一起。"我也有需求！"他大叫道。不过弗里德曼坚称，香侬根本不想跟威尔分手，也没打算满足他的"需求"。

每天早上，弗里德曼还是照旧跟他的室友们去桑尼维尔市的Hobee's餐厅就餐。有一群30岁上下的技术咖夫妻排队去那里吃早饭。他们会按照无麸质菜单点鸡肉配特级墨西哥玉米卷饼，还有鸡肉苹果香肠炒蛋，然后开始聊自由主义者的想法，比如用筏子在池塘中或者湖里搞活动，这或许可以帮他们做好准备，适应最终漂在大海中的自由漂浮岛社区。

转天一早，他们还会来这里，再做同样的事。但是有些夫妻可能已经换人了。这个群体中有些人选择做"多情恋"，或者是有一个"主要"伴侣，同时还会选择其他恋人。当然，他们也会发博客谈及此事，管这叫清醒的生活。

"多情恋公社"是弗里德曼想出来的主意，但是史卓克曼和她男朋友，还有差不多12个生活在湾区的技术咖也一起住在那里。香侬·弗里德曼的新男友、理性主义者威尔·瑞安，以及威尔的主要女友迪维亚·梅尔瓦尼，也都住在那里。迪维亚是优胜考试（Advantage Testing，纽约一家著名的培训公司）的一名辅导老师，同时也是奇点研究所的一名教练，那是一家专注于人工智能的研究中心。

除了共住以及分享伴侣，这个群体中大多数人都极其注意自己的饮食。他们几乎尝试过所有饮食方式，无碳饮食、肉食为主的Paleo古式饮食，还有轻断食。无麸质饮食更是必需的。弗里德曼在记录他瑜伽新课程的帖子里写道："常规地做高难度动作是保健的关键。"在他高产的博客空间"patrissimo"中，这样的话题并不鲜见。弗里德曼选定了一种古式饮食，为此他走到哪儿都带着黄油棒和椰子油，把它们加进在餐厅点的饭菜里，这样他就能以更少的食物填饱肚子。

他和香侬保持这种"多情恋"关系已经十年以上了。在两人达成的关系协议中，他们的婚姻关系已经存续六年了。两个人的Facebook个人信息页面上写着"开放恋爱中"。去年夏季，弗里德曼头一次对他妻子发飙了，当时香侬正在和两人的室友威尔约会，这导致威尔·瑞安搬出了公社。然而，香侬随后就想威尔了，于是这对夫妻开始了一段试验性的分手。"我跟她说过，我在以后的人生中还想再有个家庭，所以我想她一直在担心不能永远做我的主要伴侣，"弗里德曼痛苦地说，"有时候我感觉糟透了，就比如我会想，'多情恋'比我想的艰难多了。我们现在简直难堪，可是好几个朋友都说：'你开玩笑呢？你们这些人棒极了好吗！'"他把这事发到博客上。有朋友在下面评论时提到他们见过的典型的恋爱模式是："小伙子和姑娘正式恋爱，然后他们决定要一种开放的恋爱关系。于是小伙子就在以后的日子里，恋爱之余还顺便和各种不同的姑娘约会，而姑娘从没出去找过别人，却也接受小伙子的所作所为。终于有一天，这姑娘在外面认识了别人，开始约会交往。那个小伙子马上就翻脸了，接着一切都翻天了。"

说起把硅谷的百无禁忌用到性的方面，帕特里·弗里德曼并不是唯一一个对此感兴趣的导师。蒂尔有位员工叫埃里克·韦恩斯坦，也曾经深深为更加自由的生活方式所着迷。他是个物理学博士，过去经常与投资人及慈善家乔治·索罗斯共事，后来离开了东海岸，因为硅谷以不止一种方式引诱着他。韦恩斯坦是硅谷众多主张把学员云集起来的经营者之一，希望通过他们的指导，让这些年轻的企业家能够更上一层楼，加入蒂尔的核心团队，跟这位带头人物的关系更密切。例如说，奇点大学的办公人员及教授们因为蒂尔向学校捐款并讲话而与他相识。克莱瑞姆公司员工的朋友，以及曾在创始人基金任职过的新闻记者，提到蒂尔马上就会行方便。所有人都想抓住机会，更多地参与到彼得的世界中来。

韦恩斯坦人生中有很长时间都在纽约的对冲基金工作。他和蒂尔一直不认识，后来蒂尔在2013年的一次科学大会上，听说了韦恩斯坦曾在牛津大学做过的一个演讲，论述他宏大的"万物理论"，也就是所有的物质和生命都存在于同一个几何体中，从数学角度来看是一个完美的结构。之后埃里克就开始把更多的时间放在硅谷，而且他喜欢在硅谷可以想见的未来。蒂尔雇他在自己的对冲基金里工作。

回到纽约，韦恩斯坦只不过是金融圈里芸芸众生中的一个人物，渴望变成金融圈里更大的人物。他和妻子还有两个孩子住在一间又小又暗的两居室公寓里，还是位于上东区租金较低的一侧，换句话说，就是第三大街以东的地区，这边的租金越往北越低。他从没有过自己适合那地方的感觉。或者说，他至少是得不到认可，毕竟他也承受不起对冲基金这个圈子里的社交开销。他没有一个想法是特别能赚大钱的，不仅如此，韦恩斯坦在学术圈子里也吃不开。大部分已经成名的物理学和数学教授都认为，他那晦涩的理论往好了说是没法被证明的，往坏了说就是可以证明他疯了。

然而在旧金山，看起来根本不可能的那些令人匪夷所思的出格想法会赢得掌声。他逐渐常规化地拜访蒂尔，以及其他来自加州大学伯克利分校和斯坦福大学的数学家，并在这个过程中前所未有地得到了鼓励。他还发现，硅谷的女人认为他那种在众多贝塔男（指成就平平，但性格温和的男性）的海洋当中，大胆得自以为是的特点甚至有几分迷人。

对韦恩斯坦来说，硅谷已经成为一块应许之地，他以前从不曾知道的存在。他和他妻子皮娅·玛兰尼以前都为乔治·索罗斯的基金会工作。那时候他们出席亿万富翁大会，跟比他们主流的科学家争论不休。他们想出的物理学新观点基本上都会被整个科学界嗤之以鼻。后来，他们就一直在尝试摆脱依赖同行评议的科学共识体系。他们所反驳的，实际上是一种具有压迫性的、政治正确的过时风气，因为这会抑制原创思想。

韦恩斯坦的这种抗争，正是蒂尔欣赏他的原因之一。不论在任何领域，蒂尔都从来不赞成同行评议体系，反对让一群掌握权威的专家去评判一个新思想，去决定是接受还是拒绝新思想。蒂尔想看看接下来韦恩斯坦是否参透了他的新万物理论，

如果你不知道读什么书，就关注书单来了微信号。

世界上所有值得收藏的书都在这里!

1. 这5本小说将中国文学抬到了世界高度
2. 5本适合零碎时间读的书，有趣又长知识
3. 等孩子长大，一定会感谢你给他看这5本书
4. 这5本书，都是各自领域的经典之作
5. 我要读什么书，能够让我内心强大?
6. 情绪低落的时候，就看这5本书
7. 这5本小书，我打赌你一本都没看过
8. 十个心理成熟的人，九个读过这5本书
9. 5位大师的巅峰之作，好看得让你灵魂震颤
10. 这5本书启发你思考，怎样度过你的一生

……

关注书单来了微信号，回复数字，即可查看相关书单

微信号：shudanlaile　　　　等你来哦

这里有500万爱读书的小伙伴！

看看权威科学界是不是一直在压制他。

自打进入哈佛大学，成为物理学和数学系的一名学生以来，韦恩斯坦就觉得，他才刚开始比其他人更加清楚地认识这个世界。用他自己的话来形容就是，有一天他一直在研究的所有学科，从量子力学，到物理学，再到数学，全都在他脑子里的几何图案中结晶了，囊括了所有事实、体系和过程的几何图案，甚至包括行为。韦恩斯坦认为行为像计算机代码一样可以被分解成图案，而这就是他的万物理论——一种他认为对权威人士威胁性太大的理论，大到他23岁还在念博士时，因为这个理论直接被著名的理论物理学家爱德华·威滕赶出了哈佛大学。韦恩斯坦恨透了学术界对他的抵制。他决定去证明那些人都错了，而且他会在硅谷、在蒂尔以及他在这里遇到的所有人的支持下去证明。

2014年春季，韦恩斯坦已经有了连胜纪录，在他的理论上有了长足进步，主要得感谢他在硅谷遇到的所有这些女人。那时候，他还会在硅谷和纽约之间来回飞，回去看他的妻子和孩子。在格林尼治村一间法式风格咖啡馆的里屋，韦恩斯坦靠着一张深色桌子在讲他成功的秘诀。他吐露了心声，真正使他创造力大爆发，而且信心大增的秘诀是引诱年轻姑娘。他会在咖啡馆里认识这些女人，就比如这一家，他经常在这里遇到朋友西恩和夏洛特：西恩·列侬，就是披头士乐队传奇人物约翰·列侬和小野洋子的儿子，以及他一直以来的女朋友夏洛特·坎普·米尔赫。韦恩斯坦对列侬的儿子看法过分乐观，他提到说自己认为西恩在音乐方面的天赋甚至要超过已故的父亲，只是西恩"生不逢时"。

"女人给我灵感。"韦恩斯坦说道。他接着解释自己怎样和妻子维持一种开放的关系，他们会邀请女性加入其中，然后还拍成影片。这样就能确保韦恩斯坦住在西海岸期间，他们夫妻俩都能保持兴趣，尤其是当韦恩斯坦在硅谷时，"表现得像是单身"，而她在纽约照顾孩子。

韦恩斯坦的勾引策略不久就在这间法式街边小咖啡馆里上演了。"什么是你真正想做的事，什么是你渴望去做而外界又不允许你做，或者你不敢公开来聊的事？"他问话时眼中充满力量，是装的还是真的就不知道了。尽管他的大腹便便很明显，尽管他的深色卷发很凌乱，可也不难看出韦恩斯坦为什么勾引人能成功。他总能设法让你以为，在回答他那些试探性问题时，你就快接近自己内心深处的光芒了，他用你不知道该怎样回应的学识去动摇你，还强迫你结结巴巴地说出一些话，如"呃，天啊，我不知道，但我不敢相信有人会问这个"，再后来就说："等一下，我到底对什么事充满热忱呢？"

韦恩斯坦会尝试创造出这种震撼人心的状态,然后紧跟着再说出他的硅谷新口头禅:"你就不想干点越轨的事吗?"

接下来的一个月,也就是2014年5月,韦恩斯坦回到旧金山教会区一间空旷热辣的仓库里。里面满屋子都是像他这样的中年男人,其中许多也有开放的情爱关系,这些人还加入了类似初尝(OneTaste)这种性开放组织。在OneTaste的聚会上,女人们会围坐成一圈,打着治疗和哲学性新式性觉醒的幌子,等着被匿名付钱的客人们激起性欲。

这种晚餐被称为"死亡晚餐",是由一位名为迈克尔·赫布的厨师,在转行做开放婚姻倡导者后带头发起的。婚姻破裂后,他打算要"超越"死亡。于是,他和一位科学记者大卫·艾温·邓肯一同组织了一系列的晚餐,让参与者在进餐时谈论死亡,以此来解构死亡。邓肯此前在传媒领域的发展缺乏"钱"景,这使他感到挫败。前不久,邓肯搞了一项大型活动策划业务,取名为弧计划,在活动中采用人工智能来招待讨论组成员,而人则变得越来越像机器。

在这个又深又暗的空间里,所有餐桌被摆放成一个"X"形状(显然是代表染色体)。尽管有50人出席了晚餐,但其中只有3个人有两条X染色体。虽说死亡与长寿是当晚讨论的焦点,可晚餐只不过是后面那个派对活动的预告。在派对上,传统的性别角色将被抛弃。为了给这个"颠覆性的超越"暖场热身，来宾们收到了列出a、b、c、d四个选项的卡片，按逐步递增的顺序，描述他们希望把思想和身体上传到芯片中的程度，以此来影响人工智能的思想。（这其中的创意是，未来可能会开发出一种芯片或纳米机器人，人可以把大脑里的所有信息拷贝到里面。）邓肯和赫布宣布，当晚的座位将依据每个人填写的卡片内容来安排，很明显这就是在说，你自己上传的东西越多，那么你就越能放心地把身体托付给人工智能，以及你越勇敢，获得的启发就越大。

有一点很讽刺，虽然像机器一样的人在舞台上受到追捧，但用来招待宾客的饭菜却是最有机、纯手工、仿佛直接从脏土里弄出来的，见所未见的料理。装在陶质的碗中分送到宾客面前的，是看起来像一团团泥土的软糊状物。给每位纯素食者的软团子尝起来还有粗糙感，那不是动物、蔬菜或者矿物质的口感，而是来自泥沙的粗糙感。饥肠辘辘的人们看了看周围，把这些团子在盘中来回地扒了扒之后，还是宁愿去喝红酒，至少里面还有酒精是有机的，是手工制作出来的。带着极度饥饿的状态，他们准备接着迎接当晚剩下的活动，这就必须走很长一段路，穿过一家沃尔玛超市前方一片空旷的停车场，再朝着一排高速公路地下通道旁边的废弃建筑物走过去。

然而，接下来还有整整半个小时。晚餐结束后，65岁、曾参与投资过奇点大学的风险投资人里斯·琼斯，坐在位于房间前方的一圈他的仰慕者中间，正在讨论OneTaste的哲学理念，也就是琼斯资助成立的"性高潮团体"。围成一圈坐在他周围的女人们盘着腿，把毯子搭在膝盖上，而男人们则坐在女人们身后爱抚她们，直到男人们达到了性高潮，而女人们却没能达到高潮。琼斯给女人们解释为什么会这样。他穿着熨烫过的卡其裤和白色扣角领衬衫，留着浓密的银发白须，比起性创新者，他看着倒更像个邋遢的教授。可是随着他形容性开放的做法是怎样不仅具有颠覆性，而且还具有启蒙性时，他的脸上泛出一种色欲攻心的激情，就像精力旺盛的少年盯着色情网站时的样子。坐在他附近的一票朋友都对此表示赞成，其中有风险投资人，有奇点研究所的教授，也有蒂尔学员的导师。他们都想要实现一种新层次的自由。他们认为这种新的性自由会带给他们新层次的启蒙。他们要参观旧金山北部的俄罗斯浴池，在那里他们可以集体裸浴，感到自己"完完全全地活着"。

韦恩斯坦过去经常抱怨说，他感觉不到自己还活着；抱怨说社会已经丧失了把人与人联系起来的能力，丧失了让人"真切感受"的能力。"在一个网络化的世界中，我们怎样才能回到过去？"这群人穿越停车场往饭后派对走时，琼斯提出了这样一个问题。他说道,在硅谷这里,性就能帮你找回那种感觉。他接着说,性就是那个很棒的"联系"。硅谷能为社会观念做什么,有什么既不为统治集团所在乎,也不被家族姓氏和常春藤联盟所在乎的观念,那就是性,是硅谷能做的。在这个属于创业公司的世界里,做出狂野的、大胆的,甚至糟透了的决定,哪怕导致了灾难性的失败都会给简历增色。他随之问道:"那为什么不为性也做些什么呢?"

韦恩斯坦想要固化这种变化了的性意识。他想创造一种新的道德体系。硅谷能连伦理道德也入侵吗?教派信仰在硅谷确实是一种已经固化的嗜好。在硅谷,瑜伽不再是瑜伽。软件工程师给瑜伽重新编码,让其成为一种"宗教性、冥想性、变革性、颠覆性、超越性"的体验。水平接近托尼·罗宾的瑜伽大师引领了上述这些新式的教派信仰体系。瑜伽导师成了身体工程师、灵活性程序员、思想领袖。大师不仅会横扫你的周日早晨,还会带你们去假期静修,或者是调剂一下你的婚姻。那不是锻炼,而是为你的生活在设计舞步,是精神生活的灵修,是精神上的治愈,是集这三者为一体。

硅谷的餐后派对,或者不如叫纵欲乱舞,经常在废弃的仓库里举办,就像霍夫曼的仓库那样,已经成为白天工作,晚上开狂欢派对的地方。韦恩斯坦就是在一个这样的派对上认识托德·霍夫曼的。霍夫曼也是蒂尔学员的导师。他表面上是个分子生物学家，实际上霍夫曼和他妻子凯蒂一直在致力于探索让显微镜成像效果更优、速度更快的方式。他们跟不同的学员合作开展生物学项目，并且欢迎学员加入到他们离经叛道的圈子里来。

他们两个人都染着粉色的头发，穿着情侣装：一般是灰色T恤和黑色牛仔裤。他们会自吹自擂地说，周末他们用这个引诱了技术女加入他们的多情恋社群。平日里，两人在一个社区的地下室里工作，这里就是霍夫曼创办的兰顿实验室。但是两人最终创造出的远不止是实验室。兰顿实验室是一个多用途的场所，带有居住功能。里面放着的双层床和床垫，塞满了教会区兰顿大街上这幢老旧联排别墅的各个角落。这里同时也是全年常设的火人节舞台设计工作室。

火人节是一个已有三十年传统的节日，在内华达沙漠的中心地带举办。这个节日从最初只是另类艺术家用于狂热膜拜的一个小型露营地，发展到现在已经成为一个不断扩大的实验性游乐场。不论任何人，只要想让自己融入那里，也不论是以哪种自己所认为的"原生"状态去融入，都可以去过火人节。节日的庆祝活动包括用闪亮的浅金色在裸体上作画，穿着带兽角的野兽毛皮，骑着缠满荧光彩带的自行车兜圈。近些年来，硅谷越来越重视这个节日，尤其把它当作打破社会规范的一种象征。

在兰顿实验室，霍夫曼希望能把这种符号感扩张出去。他和凯蒂表现得把经济目的放在其次。这两个人的抱负要更加远大：他们想侵入和改变人的生活方式。街边就是他们的工作区，实验室中其他的创业公司也都人满为患，塞得每个柜台、桌面和架子上都满满当当。在这里工作的还只是他们团体的核心成员。这个社区连周边的空间都算上也至多容纳300人。霍夫曼对此并不知情，他还说要接纳任何一个想要突破自我界限的人。

对于绝大多数出男性构成的大多数硅谷年轻人来说，突破界限意味着鼓起勇气，甚至是说出对浪漫情爱的喜好，这在很多年轻的男性心目中，就是一片"技术荒漠"，是个理想的女性对象极度稀缺的地方。来到硅谷很像要上大学时的感觉，这里这些书呆子也是突然就被安置到一个没有成年人监管的新世界。在这个世界里，工作上离经叛道几乎和生活上越轨越界获得的鼓励不相上下。硅谷并非人人都是多情恋，当然也不是所有夫妻都是开放婚姻，但那些对此感到非常满意的人就特别喜欢拿这事吹嘘。就像那个关于无麸质饮食的笑话里说的："你是怎么判断一个人是不是奉行无麸质饮食习惯的？"答案是：

"他们自己说的。"

随着蒂尔学员们也见识到这些社群，一些人对这些完全不屑一顾，可还有些人则无可救药地被这些迷住了。詹姆斯·普劳德，这个曾经创立了GigLocator的19岁蒂尔学员就宁愿和西恩·帕克来往。帕克是纳普斯特的创始人，也是Facebook的第一任总裁，后来他还创建了声田，一个音乐共享服务平台。帕克比普劳德大12岁，对普劳德和他的音乐会定位应用十分着迷。2013年，帕克在树林里办了一场权利的游戏主题婚礼。受邀出席婚礼的所有宾客都获赠了要在婚礼当天穿着的中世纪服装，专属于他们。帕克也邀请了普劳德，送了他一套宫廷小丑的服装。相比起去那种破烂不堪的场所参加实验性多情恋派对，普劳德绝对更愿意去结识滚石乐队成员的女儿们。"并不是每个人都是多情恋，"用普劳德的话说，"但那些多情恋到什么时候都对此喋喋不休。"

再说回到劳拉·戴明，她总是收到这类活动的邀请。总有人想尝试"打开她的眼界"，让她了解新的思考方式和生活方式。比她岁数大得多的韦恩斯坦就想把戴明揽进他肥胖发福的羽翼之下，还邀她一起去旧金山北部的俄罗斯浴池，名义是"帮她重新找回与身体的接触，以及探索身体怎样与思想相联系"。戴明回绝了。她依然还是硅谷极客的梦中情人。

硅谷这地方当然和旧金山还是不一样的。到了帕罗奥多市，男人的数量远远多过女人。那些一直在此生活的人，往往会尽其所能地给自己速配，就像是熊在漫长的寒冬来临前焦急地寻觅配偶。这些人整天写代码，留给他们玩的时间少之又少，再加上帕罗奥多的酒吧十点左右就差不多都关了。那些想找刺激（或者想抽时间约个会）的人就会直奔旧金山。几乎都是去教会区，这是个从前不受欢迎的地区，而现在是一大堆技术公司的所在地。在那里可以找到各种形式的试验。

而伯纳姆，起初还坚持留守在阿瑟顿市的郊区。他住的那个街区，大部分女人都是40多岁的已婚中年人。后来，他就津津有味地开始享受去大城市那些行程。到2014年4月末，别管什么派对都是好的，伯纳姆已经饥不择食了，哪怕是并不对他胃口的托德·霍夫曼的风格。在东海岸的帆船营里，没人敢留霍夫曼那种粉色卷发，也没人穿这种沉闷的灰黑色衣服。

东海岸也不会有人在皮肤里植入能够发出低温设备警报的传感器，如果有人想对他们这么做的话。然而，霍夫曼不仅给自己身体植入了不止一个传感器，还把操作指南文到了躯干部位，详述了如果他过世的话，应该如何把他冷冻在阿尔科生命延续基金的恒温容器里。

霍夫曼，37岁，在洛杉矶长大。四年半以前，当他发现了这间旧仓库后,在那里建立了兰顿实验室。几年后,霍夫曼朝街边扩建了实验室这幢建筑,他还把收租金的方式改为让十几个人同时在那里居住和工作,从中赚到了钱。后来,总共有16个人住在那幢别墅的住宅区,与几间开放式起居室通过一条走廊相连,楼下是火人节的舞池和自行车存放区。

清晨,参加完某个有名气的派对后,他们又坐在实验室的楼下开始测试新显微镜了。大学里的研究实验室给霍夫曼送去了细胞组织,让他们制作成像并且处理数据。那些人却说,他们的机器比人能达到的成像速度快3倍,而且一天最多能制作出一名专业技术人员一年制作的成像。

技术令科学发生了彻底变革,这样的形式点燃了霍夫曼的激情。他还认为,这同时也表明了机器超越我们人类的可能性。这也使霍夫曼感到纳闷,如果如此之多的事都有可能,那我们为什么还要固守自己那点不足道的人类准则?埃里克·韦恩斯坦一直以来都是这么想的,会不会还有些别的什么(规律)?这两个人都想知道。现在他们能证明了。

回到旧金山后,韦恩斯坦花了不少时间和霍夫曼在一起。他很喜欢去霍夫曼的实验室看那些人最新的发明,还参加他们举办的派对。2014年春天,这两人在实验室里四处走动,此时韦恩斯坦正在向霍夫曼解释道:"许多人都把创造性从自己脑子里赶了出去。"他顿了顿，看向霍夫曼，接着又围着霍夫曼走在实验室里。"有一小部分人说：'下一个到来的是什么？我想以深远的方式创造改变这个世界。'"霍夫曼说住在他实验室里的企业家当中，有三个都是辍学的肄业博士。"实验室里没有能读完全日制博士项目的，也没有团队创始人有博士学位，"他接着说，"在我看来，大学里需要你先做学者，再去改变世界，而学术也曾为我铺过路，只是后来走不通了。"

就在那条路被堵住的地方，另一条通往旧金山的路自此开启了。这里有精力，也有耐性去容忍风险，这是其他地方比不了的。"在大学设立的任何一个国家实验室里，你都可以找到许多充满智慧的地方。那些地方拥有知识深度，但它们不容忍风险，他们也没有极度独立的传统。"在硅谷，正是这样的传统造就了这群新新人类，他们追求试验性的生活方式，有教派信仰的人很多。以正常的眼光来看，这群不知道限度为何物的人，用这些虚假的纵欲、狂欢，还有新奇的沙龙共同构成了一种以怪异、反常为规律的生活方式。这里的各种制度和惯例，比如资金募集、交租方式、贷款抵押，甚至婚姻，等等一切，都随着产业技术的不断颠覆而变得无足轻重、不堪一击、灵活可变。

实验室里的住户们上楼后，把机器散出的令人憋闷的热气留在了兰顿的"大厅"里。韦恩斯坦说过，那是个危险的地方。这指的并非是"虐猫或者做炸弹"那样的地方，而是说那里可能有人正在做着说都说不清楚的其他什么非主流的事情，至少可以这样说。实际上这都是被"极端感性的体验"所吸引，做这种事的人由此获得"自我实现"的感觉，哪怕这样的行为意味着他们是存在于"值得受人尊敬的世界"之外的，韦恩斯坦继续说道。

霍夫曼认为他的目的不仅仅是生活方式或者文化，而是要高远得多。他认为自己在此发挥的作用是为富有冒险开拓精神的硅谷群体创造出一种新的时代精神。"这里有如此高度密集的智慧，有受过这么良好教育的人，"他是这样说的，"硅谷的邮政编码就是全世界最高教育水准的编号。"正因如此，韦恩斯坦相信，从技术角度来说，任何事都有可能。他手指着街对面旧仓库的一扇平平无奇的玻璃门，那里有一对夫妻正斜倚着墙喝咖啡。"就在那里——那两个人正在建造卫星，"韦恩斯坦说，"他们已经发射过28颗卫星了。"

他承认，在硅谷之外还有很多地方，一直在尝试做着同样的事，但他们和那些地方是没有交集的。在麻省理工的媒体实验室，或是哈佛大学的创新实验室里，没人会在放着显微镜的楼层呼呼大睡。他们也不会在连接各个教师会议室的门厅里开派对。那些地方也不会有那么高的自治程度,有的只是比硅谷多得多的官僚主义,不论在其中哪一所"拥有丰富遗产馈赠的机构"中都是如此,也就是俗称的大学。

按照霍夫曼的说法,那种地方的人不会轻易地转换框架体系。从这个角度来说,连床都不会轻易互换。有天赋的人大多成为被隔绝的孤岛。而在硅谷,社交生活反映出的同样是运用创造力,通过试验和失败去解决问题。当他那些室友为了制造机器人,而去组装电子器件,制作电路板,给机器供电的时候,他们才是正在实现自己所认为的"完完全全地活着"。

照他估计,整个东海岸都一直处在一种僵尸状态。而他指导那些年轻的蒂尔学员,比如伯纳姆、戴明、普劳德,只要他们按着自己一直以来所熟悉的思路体系走下去,就能在硅谷取得成功。

同时,伯纳姆的另一个导师,帕特里·弗里德曼正在遭遇越来越多来自他那个试验性公社的麻烦事。他妻子已经向他提出了试验性分手。弗里德曼并不确定这对于他的家庭和他的多情恋信仰都意味着什么。他对此感到不开心。

第3章

疯狂的编码公社

到2011年夏末,强纳森·伯纳姆开始意识到,他或许不得不放弃开采小行星的计划了,至少在目前来说。当他得知基金会的创始人彼得·戴曼迪斯已经从事这一研究有好几年时间了,而且戴曼迪斯拥有的资金和专业技术也比他多得多的时候,他感到十分气馁。待在阿瑟顿也开始令人心生孤独。除了帕特里·弗里德曼,以及偶尔见一面的埃里克·韦恩斯坦,他还从没真见过一个自己知道的硅谷名人。

他又去了几次蒂尔奖学金组织的其他活动,认识了更多学员:有些是在帕罗奥多市举办的星期五午餐,有些则是在蒂尔基金会组织者的私人场所。"我跟他们当中的一部分人相处得确实还不错。有些人是真心喜欢我的,而有些人就受不了我,有些人发自内心地讨厌我，那我也只能接受。"伯纳姆回忆道。不过大多数时候，他的社交生活挺令他感到气馁的。

他担心戴曼迪斯和他的小行星开采公司会让他所做的努力都黯然失色。"他们实际上确实很有可能把这事做成，"伯纳姆是承认的，"我从16岁开始就在做行星采矿研究，但他们有资金。"所以取而代之，伯纳姆放弃了小行星采矿这个点子，转而开始投入到月球特快的工作上，这家公司致力于研究如何开采月球矿藏。他在新公司做业务拓展工作，所做的大部分工作是校对推广材料。几个月后，伯纳姆离开了月球特快，去了Cosmogia（现在叫行星实验室）公司做实习生，这是另一家宇宙技术产业公司。他拒绝谈论此事。"我签了NDA"——就是保密协议，他解释道。

那份工作做的时间不长，因为伯纳姆没过多久就意识到，作为员工之一坐在办公室里工作，这不是他的菜。"我花很大力气假装自己是个外向的人"，他说，"但我没法在同一间屋里跟别人一起学习。"常规的就业对他来说就是行不通。"我总是熬夜做完所有工作，然后走进办公室，那种状态就像要说，'好吧，那我现在还能干什么？'"他说道，"我有很棒的工作体验，可我就是个蹩脚的员工。"

所以伯纳姆决定,他应该尝试一下自己曾听说过的那种新出现的共居房。那样就不会这么孤单了,也许还能是个不错的地方,让他找到下一个伟大的创意。

回到20世纪60年代,一些年轻人开始居住在公社里,这是种全新的生活方式。但是共居空间和公社相比有个很大的区别,就是那不是个放松身心的地方。在现今出现的共居社群里,人们工作很努力,通常是整夜奋战。整个租期都写代码编程到后半夜。

在硅谷,一起工作、一起玩乐并不只是一句校训。20多岁和30多岁的住客采用了宿舍文化,而且将其进一步发展为学校里不可能出现的一种宿舍文化。住宿的发展进程通常先是上大学后,所有学生住在一起,然后毕业离开校园,在偌大的城市中找到一两个室友一起住,最后才是自己住。然而在湾区,住宿模式是反其道而行之的。这里每一个新住户并非像成年人的住宿轨迹那样,生活得越来越像成年人,有职业也有家庭。硅谷的住房发展阶段正相反,你越是资深人士,越是觉悟高,创意越是疯狂,就越能发现"颠覆性"的居住和生活状态。

到最后,这种可以选择的居住空间就开始在硅谷雨后春笋般地涌现出来。这很像最早成立惠普的车库,引发了后来数千家公司也在车库中成立。电影《社交网络》也描绘过共居房,许多书呆子软件工程师为了创立Facebook一起工作吃住,直到后来贾斯汀·汀伯莱克饰演的肖恩·帕克把他们的代码会话变成了疯狂派对,这些人的共居模式就算这么定下来了。这种共居社群对舍友们存在的意义并非是跟自己的同类住在一起,也不是找些其他的成年人分担共同的责任。其实这还是种省钱的方式,只不过是以一种"技术大咖范"去实现。假如你在创立的是Google,就不会因为在车库中工作而感到丢脸。正因如此,那么睡在游泳池边小屋子的架子上也不会觉得丢脸,因为拥有疯狂的创业远见会中和掉你没床可睡这一现状。

伯纳姆的班上还有两个学员叫亚历克斯·基西略夫和杰弗里·林,他们和另外六个当地的企业家一起住在旧金山一个共居公寓楼里,把那里命名为闪烁的光(TheGlint)。亚历克斯正在研发一种开源的分光仪,是一种用来测量光谱的工具,而杰弗里则尝试了许多创业的点子,最后去瑞波实验室做了一名软件开发员。多亏了"闪烁的光",伯纳姆现在有大把的机会能遇到对的人。夜晚,这里会邀请旧金山地区的风险投资人来讲话及进餐,比如有凯鹏华盈的宾·戈登;有土耳其爵士歌手塞奈姆·迪伊慈演唱她独创的四重奏风格歌曲"为了一个音乐与试验之夜";有美国动物及人类权益组织的创始人辛西娅·翁,为马来西亚婆罗洲岛的沙捞越州居民来进行"闪电筹款"。据"闪烁的光"几名舍友说,那里现在饱受过度伐木之苦,原因是"为了开发油棕榈种植园而大规模争夺原住民习俗地"。

"闪烁的光"甚至有更崇高的抱负。基西略夫和几个朋友租下这个地方一方面是用来住,另一方面也是要作为一个创意沙龙。他们把这里叫作"英雄加速器"。"英雄主义"已经成为硅谷的另一个时髦词汇,差不多和"颠覆""犯规"还有"超级好玩"一样流行,甚至还成为风险投资家蒂姆·德雷普在帕罗奥多市创办的一所新大学的名字。在德雷普大学,学生们住的宿舍叫"英雄城"。学生在那里学的不是英语和数学,他们上的课叫"技能"和"机会"。一年以后,德雷普就会成为把钱投给伊丽莎白·霍尔姆斯的Theranos公司的不幸投资人之一了,该公司此前大肆宣扬的血液检测机器后来被发现并不具有之前所宣称的功用。

在"闪烁的光",住户们各自忙自己的工作,但仍然住在一起。从基西略夫建立这种伙伴关系的住处伊始,他一直在艰苦开发自己的"廉价的液体色层分析系统",是一种能使科学家更易于分析实验室样本的工具。去年一年里,他和其他许多蒂尔学员断断续续地住在那里。"闪烁的光"伫立在旧金山双子峰的一座小山上,是个四层的现代建筑,从那里能看到旧金山的城市天际线。内部是白色极简的家居风格，有螺旋式楼梯、斯巴达式皮革沙发、电子壁炉，玄关处还堆着一堆帆布鞋，墙上挂着很有宿舍风格的挂毯，整体看上去就像个出自《小鬼当家》的场景。住在这里的舍友们从不办兄弟会派对，而是热衷于在高谈阔论中取乐。

那时候和伯纳姆、基西略夫，还有林住在一起的还有个叫汤姆·科瑞尔的20岁青年人，用自己获得的蒂尔奖学金给他父亲买了辆电动保时捷。现在他创办了自己的公司，叫黑天鹅太阳能。公司开发了一种日光反射镜，或者他们称之为"死亡射线"，就是把太阳光反射到一个中央点上，最终收集到的能量可以被用作一种替代性的能源来源。

"闪烁的光"成为了居住者之间一个主要的沟通媒介，尤其是对伯纳姆来说。在那里，他交到了朋友，叫格雷格·瑞安。瑞安说服伯纳姆放弃了小行星开采计划，并且帮助他成立了一家公司，经营的是把现金转换成商品的业务，而让客户用黄金购买物品。

这家公司是伯纳姆的第一个"重新定位"：这是个技术术语，用来形容放弃当前的创意，就比如伯纳姆放弃了开采小行星的创意，转而去开发了一个用黄金付费的应用。"宇宙工业，"他说道，"并不是最合适于创业的行业，而我也不是能实现这个创意的合适人选。"

伯纳姆说通过商品应用,他和瑞安将使货币变得无关紧要。一旦人们安装上这个他们命名为达里克(Daric)的应用,他解释说,"你可以在现实生活中用金子买咖啡"。"之所以这样做,是因为当前流通的货币会受到现行的量化宽松政策的影响,而把钱存在这里就不用存成法定货币了。"伯纳姆几周前才刚满19岁,这个创意跟他的自由主义意识形态很契合。"把你的钱存成美元实际上相当危险。"伯纳姆的公司会为开通了Daric银行账户的客户发行自己的信用卡。Daric会以现金方式给商家付款,然后从用户的账户中扣除相同数目的金子。最终整个用户群会用金子实现相互交易。

伯纳姆说他很早以前就对商品交易感兴趣了。"我第一年上高中时,坐在我父亲的电脑桌上,"他回忆道,"我对开采小行星的兴趣确实是源于我对金融的兴趣。"斯蒂芬·伯纳姆经营的是马可波罗证券,那是个私人的网络股权交易所,面向新兴市场。"我爸那套在家自学的理论就是'你将来会到我的公司工作,要学习很多数学知识,还要看许多这方面的书',"伯纳姆这样说,"我感觉我高中第一年把三年半的数学都学完了。"到了接下来的一年,年轻的伯纳姆已经开始翻看大学预科考试的经济学教材,还觉得"这太没意思了,这里讲的东西没有一点是有趣的"。在"闪烁的光",伯纳姆找到了瑞安这样的同类。

"闪烁的光"绝不是硅谷唯一一个以培养创意以及集工作与生活于一体为目的的共居房。这些多人共享的假宿舍已经在硅谷变得相当流行,当然也没有成年人监管,以至于有些公司都开始提供以"创新住宅游览"为内容的社交团建之夜活动。有一家名为"二音节"(Tropo)的云传播公司就把客户"移动地"领到了当地三处创业住宅。"移动地"这个词通常是用作形容兄弟会派对中的一种移动派对,参加者从走廊中穿到不同的宿舍房间,挨个房间去喝一种又一种特色酒品。

除了"闪烁的光"之外,这样的住宅还有"零工厂"(Factory Zero),位于旧金山的一家郊区仓库里,是初期种子风险资本公司"纪念品"(Memento)员工居住的地方;以及"这间别墅"(the Villa),是位于洛杉矶诺伊谷的一片一万平方英尺的居住区。

硅谷的"创业大宅串游"是从"这间别墅"的烧烤大餐和泳池派对开始的。参加串游的人从"这间别墅"乘坐巴士去"闪烁的光",在那里会有饮品和甜点招待,最后再去"零工厂"喝些红酒配芝士。

在帕罗奥多市,另一群蒂尔学员正在尝试建立属于他们的家。在前苹果首席执行官史蒂夫·乔布斯位于帕罗奥多市的房子不远处，过了谷歌创始人拉里·佩奇那座795万美元的加利福尼亚工艺美术豪宅，就是一座占地17000平方英尺的英式风格大宅，宅子被葡萄藤覆盖着，户外泳池被一周灯笼海棠花园包裹着。一辆纯灰色的SUV停在大宅外。间或有背着双肩包，戴着眼镜的少年走出门廊，骑上一辆自行车或者滑板车，超过出来遛狗的中年爸爸妈妈们或是开车往返工作场所的夫妻们。然而，转角处那栋大房子里，住的不是父母。

在蒂尔奖学金颁发后的第一个夏天，期间有7名奖学金学员就住在位于圣塔丽塔大道和考珀大街交会处的其中一座共居房里。后来他们在分类广告网站克雷格列表（Craigslist）找了好几个月便宜房子之后，偶然撞见了这座20世纪20年代建造的五居大宅。这座房子里面从里外开的巴特勒木门到小型升降送货机，全套设施设备都是那个年代的风格。这几个人都在搞各自不同的创意。

他们当中有四个男孩，分别是塞巴斯蒂安·泽尼、达伦·朱、大卫·莫菲尔德以及尼克·卡姆马拉，都是跟着劳拉·戴明搬进这房子的，这个新西兰出生的女孩"想把人类寿命延长几个世纪——起码"。本恩·于在几个月之后加入了他们。有几个学员合住在楼上的卧室里，而其他人则挤进了车库和游泳池边的小屋。他们分摊5500美元房租,租到2012年5月,房主想到时候把这里以500万美元的价格挂牌出售。

但是一直到2011年10月末,他们都还没装修完这座房子。相反,他们零星地,甚至可以说是随意地用笔记本和白板装饰了楼下,使得房子的功能看着更像是办公室,而不像家。面朝着转角沙发的壁炉架上面摆的不是电视,而是一面大尺寸屏幕的电脑显示器。

"没有电视能让我们保持专注",朱在谈到房子里没电视时这么解释。楼下离大厅远一些的地方是餐厅,他们在那儿用长桌子来开会。朱和栾是Dextro(图像识别算法公司)的联合创始人,这家机器人公司致力于制造出使生物技术产业能够实现自动化的机器人。他们两个人都戴眼镜,穿着牛仔裤和条纹POLO衫。他们是在耶鲁认识的,当时都是大一新生,两人互相接纳对方为好兄弟后,决定要一起做事。

他们用干擦白板覆盖了一整面墙,上面写满了研发机器人的算法设计,还有商业开发战略的大纲。

这7个人形成了一个迷你家庭。也是在这所房子里,他们也炫耀着几个人一起建立起来的这种生活。转过屋子拐角走去厨房,进去以后他们打开冰箱,里面装得满满的香肠、蔬菜、通心粉、水果,还有几片全麦面包片。学员们大部分晚饭都是自己做的，他们很少出去吃，也很少叫外卖。"我们在试着尽可能地省钱。"栾这样说。

厨房连着外面的砖顶门廊，从那里能直接看到泳池边的屋子，那就是泽尼的卧室。"外面是专属于塞巴斯蒂安的套间！"朱大声说。泽尼不久后就要用家得宝公司的产品粉刷墙壁，然后挂上海报和壁毯，把泳池边这间小屋变成一间通风的宿舍间。旁边的建筑是车库，里面放着他们的自行车、滑板车，还有一架大钢琴。当时一位导师临搬家前把钢琴留给了他们，几个人简直难以置信。"我们成了有人给我们送钢琴的人，而且还是送货上门！"朱兴奋地说。

房子楼上，莫菲尔德和卡马拉塔同住一间卧室，他们就在卧室外面工作。栾和朱占了偌大的主卧，就在这层的中间。虽然他们在这房子里住了已经有一个月了，大卫才刚发现他那400平方英尺的卧室还有个阳台，尽管知道以后也还是没走过去过。"这很好，"他说，"我们一直在发现这房子里我们从来不知道的事物。"

作为这里的唯一一个女孩，戴明自己的卧室就挨着大门。劳拉在一个实验室做兼职，她为了资助自己提出的长寿项目成立了私募股权基金，现在正遭遇着筹款困境。她不缺想跟她见面的导师，但她缺少能帮她掌管公司财务的商业伙伴。戴明宁愿把时间花在实验室的小鼠身上,所以到目前为止,大部分打着投资的幌子,实际想和她约会的男人都被她拒绝了。戴明和其他学员一样,在她自己的领域里有着与年龄和性别不大相称的掌控力,也对自己的领域有着超乎寻常的痴迷。她对硅谷为数众多的"欢乐时光"活动适应得很好。这里的公司在下班后给员工组织的"欢乐时光"活动比员工自己参与的社交活动更规律。到了蒂尔家的房主称正在卖房时,戴明开始更多地参与社交活动,想看看能不能找到一个新的居住环境。

在其中一次社交活动中,也就是谷歌的前首席执行官埃里克·施密特的风投公司创新努力者(Innovation Endeavors)举办的一次活动,她认识了倚靠着阳台栏杆小口啜饮圣培露矿泉水的茱莉亚·立顿。立顿22岁,身材娇小玲珑,向外面眺望着帕罗奥多城——这个她生活了一年的城市。为了移动应用搜索引擎"快寻"(Quixey),立顿去过许许多多的"欢乐时光"社交活动。为了建立人脉,她每周都和自己创业住宅的舍友们一起参加这类活动。她的老板,也就是快寻的创始人利尤·夏皮罗,将在接下来的一天晚上为大学里的孩子举办一场欢乐时光活动,从而鼓励他们辍学来为他工作。"言下之意至少是这个意思。"立顿说道。夏皮罗就是从学校辍学后创立了这家公司,"所以他鼓励别人不要在教室里学习计算机科学,而要通过创业去学。"她这样解释。

立顿跟许多20多岁搬到硅谷的人一样,她的工作和社交生活已经合二为一了。她把自己大部分的时间都花在了公司位于帕罗奥多市的这处名为"快寻丛"(Quixeyplex)的一层楼的建筑里。建筑里面那些YouTube、Skype、推特等应用的贴纸贴满了墙面和楼梯。后来,立顿从南加州大学毕业后离开了那里,去了美林证券和埃森哲咨询公司实习。"非常标准的工作。"按她自己回忆说。在大学里,她跟软件工程师一起学习过,而且发现她和那些人一样,看起来都是编程比派对更能令他们感到兴奋。所以到了临毕业那个学年的春季假期时,立顿没和朋友一起去墨西哥坎昆,而是飞到了硅谷,与她在领英上找到的让自己感兴趣的人安排了会面。她在那里认识了企业家亚当·里夫金,他给她提供了现在这份工作,负责企业内部公共关系与营销。到了3月份,立顿搬到帕罗奥多市和另一名初创公司的职员一起住,不久后就适应了作为一名技术咖的工作安排。

今晚立顿没喝酒,毕竟她回去后还得工作。不过,她尝了一些很照顾创业公司饮食习惯的料理,切了一片曼彻格奶酪配着马克纳大杏仁一起吃。所有食物都是从全食超市买来的,目测连一件提纯的碳水化合物食品都没有,或许整栋建筑都找不到一样。自然、有机的快餐连锁店生活厨房(Lyfe Kitchen)入驻了这栋楼底层,经营成了大学街沿路众多技术办公室的一个官方餐厅。在美食方面已经觉醒的软件工程师相当之多,使得这个地区比如Fraiche和Hobee's等连锁餐厅都设计出一整页的菜单,专门迎合这些创业者追求健康的饮食习惯。

那些创业大宅巩固了这种习惯——只分健康与否。"这间别墅"将要成为《硅谷》真人秀的背景。这部剧的出品人是马克·扎克伯格的妹妹兰迪·扎克伯格,制作团队是电视剧《贼巢》的原班人马。那部《贼巢》还获得了MTV音乐录影带大奖。

《硅谷》跟踪了5位尝试创立独角兽公司的创业大宅居住者,跟着他们在湾区到处跑,参加派对和会议。两名卡司成员就住在"这间别墅"。他们是本杰明·韦和赫敏·韦,两人一起创立了他们的传媒初创公司。赫敏称自己为"视频博主"或者播客,为网络平台技术网站"下一个网站"(The Next Web)写播客。她正在组织一个面向全球的小企业竞赛,名字叫作"小企业世界"(Startup World)。她哥哥则在15岁时就创立了一家公司,现在市值涨到了5000万美元。这档真人秀节目也成了HBO同名喜剧剧集《硅谷》的前身。虽然这个节目并非是真正意义上的真人秀,但它看起来很像真的。里面有些角色与蒂尔、谢尔盖·布林,还有创办TechCrunch创业科技颠覆大会的迈克尔·阿灵顿非常相似，很多生活在硅谷的人都认为，这个秀本应是个纪录片。

真人秀节目中，角色住的房子模仿的就是《社交网络》中扎克伯格位于帕罗奥多市的家。不过对于节目中其他相似的地方，在这样那样的创业大宅中也都出现过。彩虹大宅就是最早诞生的创业大宅之一，由NASA的员工创建于2006年，当时的目的是共享拼车和节省生活开销。随着这个住处不断地扩张蔓延，到了几年前，这里已经居住了约有50位技术公司的员工。房子里早期的住户都来自NASA，不过近几个月以来，他们也开始招苹果、谷歌、斯坦福的员工入住，还有来自跨国软件公司SAP的德国人。彩虹大宅成为了第一处这类共同生活的家园，住在里面的人共同分担房租，工作、吃住、娱乐也都在一起。克里斯·肯普，后来成为了NASA的首席技术官，早在2006年就首次把这些功能整合到了一起。

"当时我们想到湾区有许多这种巨大的宅子，然后就想从Craigslist网站上应该能找到一处。"肯普回忆道。他33岁，身材很苗条，留着鸡冠头，生着一双清澈湛蓝的眸子，戴着细框眼镜。那时候这些人当中没几个有车的，所以他们想着住在一起上班搭车就能更有效率了。当他们找到这处地方足够大，价格也合理的房产时，这座镶贴着西班牙风格瓷砖的大宅有18间卧室，位于帕罗奥多市彩虹路上的宅子已经装修成了20世纪90年代的风格，有一架大钢琴，还有一个私人剧院。这群人最早有8个人，其中5个要住在这里的人一起凑钱凑到了连房租带押金总共的5万美元。唯一的缺点是，这么多人一起住在这么大一座宅子里，他们的水电消耗量都十分巨大。还有，邻居们也受不了他们定期办的那种有几百名公司员工参加的大型派对。不过这些人还是在那里一直住了下来。他们喜欢住在一起能随时心血来潮开个沙龙，一起讨论工作和创意。

塞莱斯汀·约翰逊最初来到这个地区时也住在彩虹大宅，现在她已经改在埃里克·施密特的圈子里活动了。对于众多新手来说，跟着一个头目人物是种可靠的发展路线。施密特就是她选的头目人物，部分原因是因为她现在所住的共居社群。

约翰逊来硅谷前一直在阿根廷学习，后来苹果给她提供了一个业务开发的工作，她就开始找机会回美国了。如果说从阿根廷搬到旧金山湾区不足以让她为之震惊的话，那当她走进彩虹大宅时算是开眼了，见到8个男性舍友正在一起看自然纪录片剧集《地球脉动》，头顶上方是从天花板上垂下来的一个五英寸见方的四面体，还是用卫生卷纸做成的。四下散放在起居室里的望远镜是在NASA工作的几名舍友的。屋里还有个迪吉里杜管（澳大利亚土著的一种木制长管乐器）是一个舍友用蔗糖做出来的。

约翰逊在Craigslist网站上发现了这个位于库比蒂诺的共居社群，当时她回复了网站上一条广告，广告内容是要寻找20岁出头"充满激情的"女性。她经过了一系列的电话面试，那些住在彩虹大宅的舍友问她打算做什么事来改变世界，还有她为什么打算这样做，以及怎样实现，后又经过了现场面试，约翰逊在彩虹大宅有了自己的卧室。房间里有光滑崭新的木地板。大宅子里很拥挤喧哗，不过噪音不是问题。住在她隔壁的舍友把自己的卧室改造成了一间安静的冥想室，架高了地板，还铺了榻榻米。"我觉得我那间应该是女仆房，"她回忆着说，"但是房间大小也是合理够用的"——尤其是和主卧的面积比起来，那间主卧里住了四个人，有个人都睡到壁橱里去了。

住在彩虹大宅的人从快满20岁到35岁左右的都有，价值500万美元的宅子摆满了望远镜、终端设备，还有其他高科技的玩具，还有从泳池到锦鲤池塘边的尘土，所有这一切都跟音乐电视《真实世界》里面的那些大宅子一模一样，除了彩虹大宅的这些人选择拥有的是白板，而不是平板电视以外。居住者的男女比例差不多是10∶1。

这股共同居住的势头随着Facebook和谷歌发展到中期阶段

而加剧,硅谷的企业和风投公司都鼓励他们的员工一起住,一起写代码。保罗·格雷厄姆的YC创业营向创业者提供种子资金的要求之一就是创业公司的员工要住在他们工作的地方,这使得硅谷每年都能吸引到有才干的年轻新人。在这种模式的基础上,投资人和技术公司开始把这种住宅不仅当成睡觉的地方,还当作了进行头脑风暴的地方。

到目前为止,谷歌、Innovation Endeavors以及沙山路沿线一路上的风险资本公司都让他们的软件工程师住在共居社群里,就比如"黑盒子大宅"(Blackbox Mansion)和"开发员大宅"(DevHouse)。黑盒子大宅是一处木制的传统家庭式住宅。从硅谷以外的话,这里只能通过在线住房及度假房租赁网站爱彼迎才能预订到;而开发员大宅其实是一家活动设计公司,借着现象级的共居大宅起的名字,这家公司专门为技术咖们设计组织社交活动。"西上实验室"(UpWest)是个以色列的风险资本基金,他们和创新努力者一起也组建了多个集生活和工作于一体的空间,作为为公司提供创业点子的孵化器。

在这些场所中,商业规则是很严格的("已登记的会议必须出席。如无法出席,应通知相关负责人员予以取消"),而人际交往规则就写得很像是大学风格那种随性的大白话("居住者不能随便闯进别人的房间,除非得到屋主的邀请")。

创业大宅由谁来领导，以及每晚谁来肩负主厨的职责通常都是居住者们自行选择的。每次去开市客超市大采购之后的晚上，他们都能很快把他们的冰箱冷冻室全塞满，就跟人很快塞满宅子很像，然后那些创业者就会自告奋勇地肩负起烹饪职责。前NASA员工肯普说，做饭一般都会交给那些素食主义者，以及有严格素食主义饮食要求的舍友，这样他们就能确保不会发生"有人往烤架上扔一大块牛肉"这种事。最初的几年，大宅的头是肯普，而后来就开始由新人来接替了。"我认为最有吸引力的人是那种根本用不着你提醒要按时交房租的，"肯普回忆着说，"所以从有责任感这个角度来说，我其实是最没吸引力的。"

后来他们把二层的多媒体房间改成了一个青年旅舍，给他们朋友的朋友，还有来这个地方实习的人居住，而那些付不起月租的创业者就只能睡床垫或者上下铺。不过肯普说："经济因素在这个宅子里也不是主导因素。"如果有哪个旅客很有创造性，或者为完善宅子的文化做出贡献，那他们就可以少付些房费。肯普不问他们能不能负担得起房费，他一贯会问的问题都是"这些人在做的事重不重要"，以及"他们的到来能不能让这座宅子更具有特色，或者更富有经历"。

肯普想"多家庭之家"这个主意要是行不通的话，他就会试一试给到这里出差一次性要住上几个星期的人打造出一个员工之家。他希望能建立起一个创业者轮流居住的临时性社群，并且眼光很长远地希望能有一座巨大的宅邸，让不同的创业者都能在里面有一间自己的私人卧室，用来放一些他们的私人物品。肯普说："他们在那里会有一种社区的归属感，会有更好的私密性，而且在文化上有更丰富的精神空间。"

不过到目前为止，来自政府方面的障碍还是不容易解决。当谷歌想尝试围绕着同事协作这个目的，自己出资在谷歌校园附近建立一个社区时，"这个计划被政府毫不留情地砍了，"肯普说道，"山景城的市政府说：'这听着就像个谷歌员工的劳动营。'"

话说回来，谷歌即便是在没有得到当地政府批准的情况下，真把员工都安排在他们自己的住宅村里，城市管理部门对于员工要以哪种方式来安排自己的居住环境也是束手无策。对于创业者来说，创办公司要承受各种相应的风险，往往要忍受低收入，还要有高度的信念。而住在一起有助于促使他们以超乎寻常的程度把自己奉献给公司。长时间的工作，以及缺少社交活动等方面的放松，差不多就是要强行把工作当成乐趣。

由于这种要住在一起的意愿在硅谷地区已经有所显现，肯普认为还是会有空间进行扩张，用来成立更多像彩虹大宅这样的住处。同时,硅谷有一种新的现状也已经显现出雏形:那就是找到工作后的第一站,往往是找一个共居社群。但对于住在这些大宅里的人来说,共同居住的实际情形可能是不同大宅之间过于雷同。

2009年,塞莱斯汀·约翰逊在搬进彩虹大宅一年半之后,从那里搬去了伍德赛德小镇的一座生活工作两用房里。她说那里面住的全是很有意思的软件工程师和物理学家,房子还有花园,那些人还自己养鸡,甚至还有大宅自酿的啤酒,但也就仅限于此了。最终,她搬到了洛杉矶,搬家原因也恰恰是这些生活工作两用大宅存在的意义:"我们在库比蒂诺建的创业大宅都可以说是彩虹大宅,对于去硅谷发展的年轻人来说,选择太有限了。"

与此同时,生活居住于一体这个概念也将继续发展进化。约翰逊和克里斯·肯普决定要在帕罗奥多开发一些休息场所,提供给风险投资人、公司员工,以及创业者,让他们在太累而不想回旧金山时能有个地方待。他们还有一个叫杰西·施林格的舍友,这位女士搬进彩虹大宅有几个月了,住在原先约翰逊住的那间卧室里。她目前正在做一个新的创业者大宅网站,叫作"使馆网络"(Embassy Network)。兰顿实验室的托德·霍夫曼给她介绍入住者,如果有人感觉自己在社交方面不适合住在原来的住处，就可以搬到网站上提供的其他住处去。约翰逊也说：施林格是协同居住方面的一位专业人士。施林格刚刚在旧金山接手了一座旧修道院，然后在那里的地下室装了条保龄球道。

这样一来，这些共享住宅就又成了嬉皮士传统住处的晚期形式，那种嬉皮士的群居形式在湾区早已为人所共知。只是这一次，带头的是那些各行业的领军人物。如果说在20世纪60年代，是迷幻药曾经让人处于一种集体状态，那么今天的毒品就是那句脆弱的座右铭——"改变世界"。这话如果放在东海岸，翻译过来就是"改变钱包"，也就是让钱包在尽量短的时间内厚起来。

到2012年，强纳森·伯纳姆的钱包已经空空如也了。他其实在得到奖学金的头几个月就已经花光了所有的钱，所以只能搬回硅谷去住：他搬到了山景城的一个小工作室里，从那里往南再有十分钟就是那些住在圣塔丽塔的蒂尔学员住的地方。

伯纳姆仍然说他的新公司有长足进展，他现在在山景城的家中远程处理Daric的相关工作，为公司的后端写算法。偶尔他也回东海岸去见企业顾问（在他父母给他买返程的机票时）。他说已经有些人答应给他的公司提些建议，包括投资管理公司富兰克林·邓普顿的联席总裁兼首席运营官詹妮弗·约翰逊,以及美国运通的首席运营官肯·陈纳德。

"我们和每一个主流信用卡公司的首席执行官都见了面,"伯纳姆自豪地宣称,"Visa(维萨)的首席执行官约翰·科普兰德想要给我们投资,而且贝莱德资产管理公司的研究带头人也已经列入我们的争取计划了。"他顿了一顿说,"我就知道,对吧?"他喝了一大口咖啡接着说:"我们刚拉到的关系太了不起了,对不对?"他走形式地问,并没真想让我回答。从某种意义上说,听着就像是他在试图让自己相信这一点。他被一连串来自成年人生活的压力搞得精疲力尽,比如房租、预算、脏衣服、交通出行,等等,他在尝试着坚持住。伯纳姆坚称:"我们不是(没本事的)乌合之众。"

不过伯纳姆再一次陷入挣扎中,尤其是社交方面。他想结交更多附近的朋友,想要更多刺激。因此他回到管理蒂尔奖学金的地方,回去找帕特里·弗里德曼和丹尼尔·史卓克曼,询问怎样才能更多地融入其他学员。他们已经在选择下一期学员方面遇到了不小的困难,于是就给伯纳姆一个机会,让他帮忙找新的奖学金候选人。由于有机会给准学员提供咨询建议,其中一个学员引起了伯纳姆的注意。她叫诺尔·希迪克。

第4章

永无止境的学校

直到2012年秋天,强纳森·伯纳姆一直住在山景城,花大把时间读小说,比如海明威的《永别了,武器》,还有维吉尔创作的史诗《埃涅阿斯纪》。他要是不辍学,在大学里也会把时间用来干这个。伯纳姆听说彼得·蒂尔要去斯坦福大学做客座讲师。课程的名称就叫"初创企业",而且是计算机科学系开的课。蒂尔的课程是完全开放的,可以说是面向任何人,只要能在校园里找到停车位,只要随性到愿意盘腿坐在人挤人的礼堂走道上。

从第一节课开始,屋子里就被来听课的人挤得水泄不通,来的人并不都是学生,而礼堂只能容纳250人。讲座开始前十分钟,蒂尔讲的是创业的"秘密",这也是他在2014年出版的那本书《从0到1：开启商业与未来的秘密》其中一个章节的名称。就连讲堂的过道处也挤满了人。学生，以及看起来像是已经大学毕业好几十年，但穿着打扮仍然像学生的人，铺天盖地地挤在礼堂的各个角落，把通往演讲台的路也堵得水泄不通。

经过了所有这些预热，蒂尔终于横跨讲台走到了大屏幕前方，那个壮观的大屏幕正呈现着他演讲课程的名称。人们安静下来，他开始讲寻找机会是多么难以办到，以及那些最好的公司创业时是怎么被找上门的机会给绊倒的。

底下的人聚精会神地听着，他们把蒂尔的观点记下来，就好像这位企业家正在向他们传授创业秘诀。如果他们想到足够好的创业点子，蒂尔可能会愿意投资，就像投资人彼得·格里高利在HBO热门剧《硅谷》中演的那样，而人们认为这个角色的原型毫无疑问是蒂尔。

坐在前排的就有伯纳姆，那里能够一览无余地看到他的恩人。他可能是为数不多的几个不记笔记的听众之一。毕竟他来只是为了"面圣"蒂尔的，而且笔记早就是在线去记了。蒂尔有个斯坦福大学法律专业的学生，叫布莱克·马斯特斯，这个人会把蒂尔的演讲全部记录下来，还要做注释，最终就有了那本《从0到1》。这本书要跟那本硅谷的圣经唱反调，也就是谢尔丽·桑德伯格的畅销书《向前一步：女性、工作及领导意志》，那本书被认为是科技公司管理层从非主流的渺小孤岛过渡到主流成功的桥梁。桑德伯格不仅达到了湾区权力的顶峰，而且作为女性、作家，以及在某些圈子里作为哲学家，都达到了顶峰。或许哪天还会作为政治家达到顶峰，至少许多人是这么认为的。然而蒂尔不一样，他想写一本跟桑德伯格那一类不同的书，一本根本没有政治正确的书。他的书要反对那一切。

不过当初蒂尔这么做的时候，他的这门课还只是一门课，听课的学生里有好几个是蒂尔奖学金的学员。讽刺的是，蒂尔的高等教育文凭来自斯坦福，他也在那里教课，还资助斯坦福的学生，而他还是在到处宣传自己的那个项目，质疑这一切存在的基础。这是个经常在采访中被问到的问题：问他是否后悔当初去斯坦福上学，去接受大学教育，并且在那里获得了一个法学学位。他的回答总是一点也不后悔，而且说对于像他一样的人，既有他那样的智慧，同时还有他当时拥有的选择，那肯定会做出跟他一样的选择。可是现在，这个世界已经不一样了。放在现在，他或许会做出不同的选择。

屋子里那些蒂尔学员已经做出了新的选择，然而他们此时此地又回到了大学的讲堂里。而且，这还是伯纳姆本周的重要活动。他去了斯坦福派对，尝试结交斯坦福的朋友。后来学员们还在斯坦福创业者中心工作。毕竟大学已经发展得完全成熟了，也是使硅谷能有今天的很大一部分原因。同年春天，蒂尔已经不是唯一一位回到大学校园的硅谷杰出人物了。

在他上课的报告厅不远处的黄仁勋工程中心三层——雅虎首席执行官玛丽莎·梅耶尔、领英的联合创始人雷德·霍夫曼、Instagram的联合创始人麦克·克里格，以及Quora的联合创始人查理·切沃都会回到斯坦福校园，来庆祝他们的本科专业符号系统开设25周年。这个学术项目产生了将近50位公司市值超过10亿的企业家。从那时起，凭借各种像斯坦福计算机论坛这样，把地区科技企业和斯坦福研究实力结合起来的组织，还有大学的设计学院，40多种可供学生修读的创业课程，多种多样的风险资本、私募基金，以及一众苹果手机应用俱乐部，斯坦福大学就算还不是创业的发动机，也已经成为滋生初创企业狂潮的温床。

就在蒂尔那次"神秘"讲座的几个月后，一个没有学生大波涌入的、真正神秘的活动正在开展。在符号系统大会第二天的会议中，符号系统专业学生及校友正聚在一起向一项专门探索认知科学、人工智能和人机交互的斯坦福项目致敬。那个项目属于和文科类似的自由科学：符号系统专业的学生修读课程的学科范围十分广泛，包括计算机科学、语言学、哲学，还有心理学。这个项目已经有25年历史了,有多达700名校友已经成为科技界有影响力的领军人物。而今,硅谷最热门的科技公司的一众高管都在台上致以他们的敬意,单是当时在场的那些高管,他们的身价都是少则10亿美元,多达2000亿美元。

为数不多的在场观众都很低调,没人录像,也没有人拍照。切沃和Powerset创始人兼蒂尔学员导师巴尔尼·佩尔两人坐在离霍夫曼不远的地方。他们在听同属这个专业的人讲通过这个项目获得的收获。苹果高级副总裁斯科特·福斯特尔提到,他的符号系统研究"使我确信我们能够开发出一种效果又好,又简单易用的触摸键盘"。最后他结束演讲时,用的是一句"对于创造了iPhone和iPad的符号系统来说,我想我的褒奖过于啰唆了"。

梅耶尔很快起身说道,她当初被谷歌相中去负责用户界面,唯一的原因就是老板看她学过心理学——这门符号系统的必修课。那时候她还没去执掌雅虎,时任谷歌的位置和本地服务副总裁。还有另一门课,出了名难学的哲学160A,她谈到在谷歌早期发展阶段,"在许多紧要关头时给了我莫大的信心"。

当天晚些时候,麦克·克里格站到演讲台上宣称,他所做的每一项工作,包括创建Instagram在内,都受益于他在斯坦福所学的专业。也是在斯坦福，他认识了后来共同创业的联合创始人凯文·斯特罗姆。两人一起加入了梅菲尔德学员项目，一个由斯坦福"科技创业计划"实行严格筛选的半工半读项目。他们与产业界保持着密切联系，因此能够筹集到风险资金。

"我认为符号系统是企业家的理想专业。"克里格说道。

克里格这种说法不论是对已经毕业后离开大学的人，还是对尚未毕业的人来说都越来越应验了。到底是斯坦福点燃了这次科技大爆炸，还是计算机产业的发展让斯坦福变得更杰出，这个问题倒退回一个多世纪以前就一直是个鸡生蛋还是蛋生鸡的问题。湾区第一家大型科技企业联邦电报就是由斯坦福大学的毕业生在1909年创立的，这使得该地区引领了整个无线电真空电子管领域。后来到1937年，也是斯坦福的毕业生比尔·休利特和戴维·帕卡德创立了惠普公司，而且他们的成功模式还在之后的多年里扩展到了几十家科技公司。20世纪50年代，半导体的发明者威廉·肖克利为了寻找能开发新型晶体管的工程师，搬到这个地区，然后他手下的员工又创立了仙童半导体公司。

虽然说大多数的学校都是因为有一支所向披靡的运动队才从地区范围内小有名气逐渐脱颖而出，发展成为享誉全国的名校，但为斯坦福大学赢得莫大荣誉的可能要算它的计算机科学系了。1965年,斯坦福的荣誉退休教授、前常务副校长威廉·米勒为了与产业界建立起密切的联系而创建了计算机科学系。1968年,米勒又创办了斯坦福计算机论坛,这使思科公司、太阳微系统公司以及通用电气等公司对斯坦福学生的研究有了初步的认识。"那就是计算机系和产业界之间强大互动的开端,"米勒现在回想起来说道,"从那时候开始就已经增强了许多,特别是最近这15年。"

20世纪90年代,随着网页浏览器首次被引进硅谷,互联网给硅谷带来了爆炸式的大发展。而且,互联网时代最成功、最伟大的公司之一——谷歌,也是斯坦福大学的两名毕业生谢尔盖·布林和拉里·佩奇创立的。

接着出现了1999年的互联网泡沫。为数众多的新技术公司股价大幅缩水,最终泡沫破灭。这次巨大打击之后的起初几年里,全世界都认为技术已死,而斯坦福初创企业热潮的根基恰恰是在那些年中奠定的。有了新的开源技术,建立网页的成本不再高得令人望尘莫及。到了2005年前后,创立一家互联网公司的平均成本已经从500万美元降到了50万美元,这要归功于多方面因素。首先,像雅虎、谷歌这样的大型公司开放了他们的编程界面;其次,前端革命使静态网页变少了;同时,宽带扩展也十分迅速。单是因为有了博客平台WordPress.com,2005

年一年内就有数百万个新网站问世。

推动技术飞速进步的人正是斯坦福的那些工程师。"斯坦福确实是驱动这一科技产业腾飞的发动机,给行业源源不断地注入新的人才、创意和研究",托尼·施耐德这样说道,他是博客平台运营商Automattic的首席执行官,也就是WordPress的母公司。与此同时,斯坦福还批准了一种"技术转移",允许谷歌等在校园中创办的企业走向市场。施耐德认为,"这在大学以开放态度对待创意的商业化方面发挥了先驱作用"。

这个地区有些最成功的创业加速器,包括斯坦福大学自己运营的"启动X"(StartX)等,都是由学生创建的。成功孵化过Dropbox云盘和爱彼迎的YC创业营是一家种子阶段的投资公司。这家公司创立的初衷就是风险投资人保罗·格雷厄姆用来鼓励大学生创业的一种方式,而并非是让学生在假期参加实习。天使投资人戴夫·麦克卢尔的风险基金和种子加速器公司500 Startups也是诞生在他讲授的一门应用开发课上。

那些自己创业的斯坦福学生倾向于留在硅谷,从而巩固这片校园和产业界之间纵横交错的肥沃土壤。在这里,遭遇巨大惨败的比率,与获得呈指数级增长的巨大成功的比率都很极端,所以二者相互中和,最后产生的那条介于二者之间的平缓线条就代表了这个地方准入门槛的斜率。前常务副校长米勒曾说过，斯坦福在科技创业方面获得了令人瞩目的成就，那是因为它教导学生要大胆尝试，失败也没有关系。米勒观察到，"这里的人乐于尝试，而这又营造出了开放的态度"。

蒂姆·韦斯特格伦也说，正是这种开放的态度引导他和其他人联合创立了音乐推荐服务潘多拉电台，而现在公司价值35亿美元了。从斯坦福毕业后，韦斯特格伦找了个当保姆的工作，这样他工作时就有时间在一旁创作音乐了。他说那是他做过的最棒的决定，这都要归功于斯坦福一门叫作"组织决策与领导"的课程，这门课使他确信，要坚持做自己热爱的事。"这些课程的目标，"他回过头去想，"正是教给了学生一种为自己考虑的生活态度。"韦斯特格伦还高度赞赏斯坦福校长约翰·轩尼诗把对技术的青睐带进了学术圈，他说："现在有一代已经进入半退休状态的创业者，他们正在寻找回斯坦福教书的机会。"

2011年，埃里克·施密特卸任谷歌首席执行官后就是这么做的。他在斯坦福教风险资本创业课时，遇到了一名年轻聪明的以色列学生，后来在那名学生临毕业时施密特雇用了他。这个人就是多尔·伯曼，2010年，他33岁时开始管理施密特的公司Innovation Endeavors。伯曼说："我所有的同班同学后来都成为了企业家。"到目前为止，他已经资助了50多家公司，其中有许多都是斯坦福的朋友们创建的。

这所大学也非常明白它所建立的关系网的价值所在。1997年,汤姆·拜耳教授创建了斯坦福科技创业课程,这个企业家培养中心包含了资源、研讨会、会议日程以及声名远播的梅菲尔德项目。Instagram的联合创始人克里格和希斯特罗姆都是被选中的那部分少数人。用拜耳的话说,跟水平低一些的工程学院比起来,"这个课程就是创业界的海豹突击队",而工程学院则是它的基础。

回到符号系统大会上。随着克里格的演讲结束,过往路人已经发现硅谷的名流当天几乎都在现场。不久房间中就挤满了渴望听他们传道授业的人。一直以来,有个问题一直在不断地逼近克里格,就是他那个10亿美元销量的照片分享应用会不会标志着下一个尚未到来的泡沫,这其实也是一直笼罩着斯坦福校园的问题。然而在这个地方,创业精神是受到鼓励的,失败也是得到容许的。许多学生会问,如果他们离开学校去创业,失败以后他们会遭遇到的最可怕的事是什么?他们会再回到学校学习,直到毕业,那就是最可怕的事了。

象牙塔里有许多教授是这样期望的。其实他们要强调的不是失败本身,而是高等教育的必要性,以及不能因为上学和毕业是理所当然的事,就不予以重视。蒂尔奖学金发起的头几年里，批判彼得最坚定的人之一就是斯坦福大学的教授维韦克·瓦德瓦。他在主流媒体有着广阔的话语渠道，在《华盛顿邮报》和《彭博商业周刊》都有专栏，这经常被他用来抨击蒂尔。瓦德瓦最终和蒂尔以及另一位作家查尔斯·默里在芝加哥展开了激辩，反对"上大学的人过多"这一观点。默里就是1994年那本具有争议的书籍《贝尔曲线：美国社会中的智力与阶层结构》的联合作者。

瓦德瓦是个结实又乐观的人，企业家出身又转行成为教授的他在斯坦福大学、杜克大学和奇点大学都有职务。奇点大学里更是有许多位蒂尔学员的导师，他们主要研究人工智能和长寿，也有人在关注研究其他高科技课题。瓦德瓦教授还写了一本书，名叫《移民大出逃：为什么美国在全球竞争中失去创业人才》，其中他认为的主要原因就是美国的教育水平一直在降低。

瓦德瓦的《华盛顿邮报》专栏，连同记者雅各布·韦斯伯格发表在《页岩》杂志上的一些文章，都是批判蒂尔及其"20岁以下20人"奖学金的最尖锐的声音。瓦德瓦在芝加哥的辩论中始终保持令人愉悦的微笑神情，想以此获得听众的喜爱。

"我一直在研究全球形势变化，目的是想让我们能在国际上始终具有竞争力，"瓦德瓦边说边张开怀抱拥抱人群，"美国人现在完完全全是一种与世隔绝的状态,我们根本没搞清楚状况,我们还坐在这里,沉浸在我们自己营造的泡沫里。"瓦德瓦进一步解释说,由于美国曾经拥有全世界最优秀的教育,其他国家一直在试图复制美国式教育,其他国家的学生到美国留学,来学习怎样才能做到像我们一样。他引用中国人和印度人为例,在他看来,这些学生通过接受美国的教育,已经学到了打败老师的方法。

"我就曾遭遇过刻板印象,"瓦德瓦说,"认为我这样的人是乞讨的或者耍蛇的,后来我们成了软件工程师,而今我们是首席执行官这样的人物了。"他接着说,印度人想通过美国教育把国民都培养成具有同样高素质的人才,这种动机强烈到前所未有。"印度和中国就要来抢我们的饭碗了"。

蒂尔也有所回击。"在美国,有40%的国民会上大学,"他回应道,"在中国,这个比例是20%,而在印度是10%,这可以说是一个残酷的选拔机制。所以我们如果也想和他们一样,那就应该大量减少上大学的人数。"蒂尔表示,瓦德瓦反驳他的理由恰恰佐证了他的主张。

然而,瓦德瓦只是对台下的那群人笑了笑,把目光从蒂尔和坐在他旁边的辩论伙伴查尔斯·默里的身上移开。他再次面向观众张开双臂。然后,他咧嘴笑着说:"我会教育全世界每一个人，因为教育能改变社会面貌。"

瓦德瓦在后来的几个月里一直在和蒂尔进行公开辩论。他甚至还在得州奥斯汀那个充满疯狂科技的西南偏南大会及狂欢节上跟一名叫达尔·斯蒂芬斯的蒂尔学员有过一场你死我活的"铁笼大赛"。斯蒂芬斯在大会上论证他的科技项目"不上大学"（Uncollege）：这是一套教人自学的系统，也是个"学术攻击营"，斯蒂芬斯用一周组织策划，邀请人来参加活动营，让他们了解为什么应该选择自学，而不去上大学，并且加以实践。

到2012年夏季，斯蒂芬斯的UnCollege运动差不多跟蒂尔奖学金一样臭名昭著了。当年8月，这位20岁的大学肄业生来到旧金山海特-阿西伯理社区的一栋五居室联排别墅，在房子后院办了一次野餐会，参加的人足足坐满了两个大长桌。这间别墅是他从Airbnb上租来给"学术攻击营"用作场地的。到目前为止，他已经招募到15名跃跃欲试的创业者来参加这个为期一周的活动，内容包括研讨会和实践讨论，主题是如何从大学辍学。斯蒂芬斯轮流走到各个讨论组，让活动营的顾问保持热情，问他们确不确信自学能推进下去。他还安排了专家小组、演讲人以及参观公司等活动，以此来激励参与者。

到下一位演讲人抵达前，他们还有五分钟时间，于是这些人开始收拾起装着藜麦和蔬菜片的容器，喝完最后几口康普茶（一种酵素红茶）。斯蒂芬斯穿着合身的浅灰色牛仔裤和一件宽松的圆领黄色T恤，引导这二十几人组成的队伍下楼梯，来到别墅的一层。那里有个临时拼成的会议桌，上面堆满了背包。透过房间后面的一扇门还能看到里面有前一晚睡过觉的痕迹，充气床垫和成团的床单堆满了墙边。

当天下午第一个发言的是软件工程师托德·佩里，也是Facebook的早期员工。佩里的穿着是硅谷的标准打扮，他戴着厚边黑框眼镜，穿着牛仔裤和灰色T恤。这一身看起来和其他听众没什么不同，类型都一样，只是听演讲的人穿的款式稍微带些颓废范，男的穿着破洞牛仔短裤，女的穿着低胸上衣，衣服上都带着各种毛边和穿孔。

屋里拉着的蓝色窗帘挡住了后院的景色，那窗帘感觉就像是原先用乳胶漆粘在墙上的，而且时间长了快掉了。不过佩里也不用投影仪，所以他并不介意房间的亮度。他跟大家谈的是在座的每一个人应该怎样忘掉大学的概念，而以程序项目的概念取而代之。佩里已经离开Facebook了，要去新罕布什尔州的菲利普斯埃克塞特学院任职。那是一所寄宿高中，而佩里在那儿还会见到马克·扎克伯格，给他当助教。房间里，活动营的成员们都在大口大口喝蓝色功能性饮料，或是含咖啡因的苏打水，还在不停敲击着他们的笔记本电脑，喘着粗气。

佩里在首次公开募股之前两年就离开了Facebook，不过他还是以此作为演讲开端，问大家对于这个著名的社交网络有什么看法。"Facebook已经取代了名片，"一位叫西蒙的年轻人这样说，"你只需要说个名字。"下一位赛琳则认为："我们大多数时候都是在用Facebook扯谎。"佩里听了笑着说，"我们在群里说真话。"他还对其他几个说Facebook要完蛋的人尤其感兴趣，想想他在得到百万美元回馈之前就离开了Facebook，也就不难理解他为什么会这样了，佩里心里多少有些苦。辞职后，他去了一家名叫Suzy的女性沙龙做歌手。尽管今天这个时候他显得像个阿斯伯格范的直男，但到了晚上他就会身着盛装，戴上金黄色的假发，那就是他的第二自我。

现在佩里正在讲自己当初是如何走上通往硅谷的这条路。他的兴趣点先是任天堂，然后是《最终幻想》。似乎每个有自尊的软件工程师都说自己是玩着《最终幻想》这个科幻电子游戏长大的，所以佩里走的可以说是通往编码之路的标准轨迹。他给在场的人传阅他早期写的日志，给他们看自己是如何学习编程。那些日志记录了他是怎样琢磨出电子游戏、超级马里奥兄弟是如何编写出来的，从而首次实现了自学。后来佩里来到Facebook，他欣赏马克·扎克伯格到无以复加，钦佩他的进取和执着，正是这种品质成就了今天的扎克伯格。

"扎克从初中开始就在搞精益创业了"。佩里指的是企业家埃里克·莱斯发起的项目，主张创立一家日常开支不要太高的初创公司，同时在达到满意程度之前，不断地改进创意，迭代产品。他详细诉说着这位Facebook创始人兼首席执行官的点点滴滴，从他的星战主题受诫礼（为年满13岁的犹太男孩举行的成人仪式），到他曾加入过击剑队，参加过数学竞赛俱乐部，这表示扎克伯格的迭代思维是奏效的。佩里接着描述了马克在埃克塞特学院最喜欢的数学老师是怎样严禁学生用计算器的，讲了任何学生如果非得要用计算器，那位老师就勒令其去做俯卧撑。扎克伯格那时候还是决定所有的数学作业都要用写代码的方式来完成，反正只是被罚做做俯卧撑而已。"就这样他还是去了哈佛。"佩里笑着说。

多数软件工程师大部分时候都沉默寡言，除非是有人问及他们专业领域的具体问题，但写代码的能力给了这些工程师以自信，让他们认为自己的聪明程度远远超过其他人。作为一名极客，他们自我感觉良好得出人意料。你要是不会编程，就相当于不懂他们的语言。

佩里认为从这个角度来看，《社交网络》这部电影精确刻画出了极客的形象，尤其好的是表现了书呆子型极客与社交交友倾向的普通人之间那种的较量。2005年,长相不错的双胞胎划艇选手文克莱沃斯兄弟,也就是卡梅隆和蒂尔两人,曾经尝试过用更有技术含量的专业能力赢得与Facebook的竞争。当时他们写了一个程序去清除已经登录上Facebook的邮箱记录,扎克伯格把这个程序视为一种挑衅,并且花了一整夜时间写了个Java脚本代码混淆器,把文克莱沃斯的程序解码了。他在夜里三点运行了这个程序,然后就去Jack in the Box(美国快餐连锁品牌)吃汉堡了。那部奥斯卡提名电影没有表现出扎克伯格这种品质,但在佩里看来,恰恰是这种品质成就了扎克伯格在商业上取得了今天的成就。"那部电影忽略了令他成功的那种特质——他有一种从代码中寻找到幽默的能力。"

作为一名领导者,扎克伯格以前一直对运营Facebook感到缺乏自信,这种状态直到2006年才有所转变,那时候他拒绝了以10亿美元出售这家公司。佩里对此的解释是,"他不是一个能激励人的领导,而是一个以身作则成为榜样的领导。后来在2006年,维亚康姆集团免费把他送到世界各地,参加了各种会议,把所有人都搞得心烦意乱的,而且与此同时,还发布了新闻推送功能"。即连续推送最新在用户之间引发热议的新闻。不过在Facebook内部,他的这些举动相当于一个声明。"从那时候开始,他就是Facebook的领导人",佩里这样形容。

演讲结束后进入问答环节时，活动营的成员们都想尝试如果"攻击"一下自己的受教育经历会怎样，想知道如果没像扎克伯格一样从10岁就已经开始写代码了，那要如何才能成为他那样的人。佩里则表示，想走这条路永远都不会太迟，而且现在随着数字媒体的崛起，"再人文的人也得对写代码略知一二了。编程能让你变得更加聪明敏锐，免得变老或者头脑变得僵化。这跟从前的创意写作很相似"。

佩里的演讲和答疑全部结束后，组员们有五分钟时间休整，然后将进入下一部分课程。活动营的成员们利用这段时间查看了他们的邮箱，然后跑上楼做咖啡，再去铺着大理石地砖、设施齐备还有个超大按摩浴缸的洗手间休息一下。

活动安排的下一站是参观IGN游戏娱乐，这家游戏公司曾经在其位于洛杉矶SoMa区（南市场街地区）的办公室里为辍学创业的人组织过一次比萨迎宾见面会。全组所有人分乘四辆车过去。有几个人早就相中了一辆停在城市共享汽车专用停车场里的亮蓝色普锐斯，钻了进去。

虽然有几个拐弯的地方开错路了，他们还是开到了布兰南大街上，最后抵达了IGN公司。从电梯上楼后，他们来到的这个地方摆着一比一实物大小的异形大战铁血战士模型，以及其他电子游戏角色的同尺寸模型，然后他们被带到一间休息室里稍候，那里满屋子都是大型游戏机和贩售机。贩售机里卖的都是健康食品（全部烤制，非油炸的），而且每个只要25美分。之后有个叫"代码Foo"（Code Foo）的小组来迎接他们。

小组中多半都是亚裔的实习生，这些人向参观者说明了一下他们这个小组是个六周为一周期的轮训项目，负责给公司写代码。与此同时，参加活动营的这些成员中不乏有来自加州大学伯克利分校、耶鲁大学等知名院校的学生，他们环顾了四周墙上的电子游戏后，眼光都落在了前门处那位送比萨的外卖员身上。Code Foo连大学辍学生也要——或者任何人，也无论男女，只要能用他们身为软件工程师的技能打动IGN。

这个项目的招聘广告上写着："还想着煎汉堡赚到足够的钱再来买《传送门2》吗？来这里，让我们颤抖，我们就雇你。"那些认可这个项目的人就会来这里花上六周时间编程，然后再花六周学习在这里做全职工作所需的核心能力。如果能够展现出自己的实力在项目的任务要求之上，IGN公司就会雇用他们。

就在IGN的员工们和活动营的成员们两边像在高中舞会上刚刚打破隔阂时，一位经理跑了进来。这位经理随后就意识到喝的东西里有几桶啤酒，而大部分活动营的成员都还不到21岁。他们很快把啤酒撤掉了。

第 5 章

录取率不足1%的企业孵化器

不到法定年龄是硅谷的欢乐时光社交聚会中经常会遇到的问题。为了找到埋没于人群中的最年轻的人才，硅谷的公司经常从准新生迎新周末之前很久就开始物色员工了。许多招聘方都不愿意等到学生开学，就更别提等到毕业了。移动运营系统安卓还通过花钱雇学生分发安卓睡衣来宣传。科技行业的猎头公司还给有天赋的准软件工程师写信，敦促他们离开学校，去为创业公司打工，就像国家橄榄球联盟（美国职业橄榄球组织）招募准球员一样。从免费的食品，到公司的T恤，再到六位数的起薪，可见这种早期的招兵买马绝不仅仅是用短期的刺激来使学生离开学校，甚至只要他们愿意马上辍学加入公司，还会给他们对冲基金公司的股权。现如今，华尔街的投资银行不再干带暑期实习生去老男孩维护人脉最爱去的直男兄弟情港湾牛扒房和脱衣舞俱乐部那样的事了，现在换成了硅谷的公司带计算机科学专业的学生去环境宜人的餐厅，给他们搞抽奖活动比赛，奖品是iPad。

前几年，有的技术公司还特别为大学辍学生增加了用人预算，比如"古怪"编辑克里斯·安德森开的三维机器人公司（3D Robotics）。这些公司从科技类初创企业转型为集团下属的小型子公司，其中有一些公司的规模甚至已经接近华尔街的投资银行了，这使得它们必须快速地招募到软件工程师。硅谷永远是青睐年轻人的，因为他们才更有可能熟悉那些最新的计算机科学项目。可现在的情况是公司为了扩张不得不雇用大量的专业人员，所以这些科技巨头公司就开始从自学成才的人里物色人选了。

现在的情况则变成众多技术公司的首席执行官更青睐于那些自主专注于学习的人，他们认为这种人比那些常春藤院校里跟着教授导师学出来的要强。首要的一个原因就是，技术的发展速度要远远超过学校里教育工作者的教学改进速度。戴夫·金恩是用户自创生成新闻链接的网站红迪网（Reddit）的一名开发人员，他透露说，90%的开发人员根本用不到在大学里学到的计算机科学专业知识。泰布什集团的创始人莫里斯·泰布什也曾说过，大学对于程序员没有任何实践意义。"'在大学里学技术的人'只知道他们在大学里学过的东西，对于他们需要去了解的东西，那只是九牛一毛"，泰布什这样解释。这些用人方认为，跳过大学这个环节，能让软件工程师专注于写代码和其他具有实用价值的技巧，他们也不用为了还助学贷款而发愁了。作为 TechCrunch 的创始人以及一位天使投资人，迈克尔·阿灵顿这样说："这世界上最好的事就是去上一年哈佛然后辍学。这样全世界都知道你足够聪明，有能力上哈佛。"

总部设在得克萨斯州奥斯汀市的软件公司"杰尼克斯"的首席执行官科特·芬奇甚至表示，他招人根本不看学历。在他眼中，博士学位可能会是应聘者简历上的缺陷。"我根本毫不在意申请者的学位，"他这样说，"他们能不能做这个工作，那才是我关心的。"而且芬奇不依赖简历招人，而是给来应聘的人做软件工程师相关的测试。他不去招聘网站，而是从谷歌上找程序员的简历，然后下载他们写过的开源代码。有一次，他看了一位准软件工程师的代码后，就让这个人来面试了。"他过来时，"芬奇说，"我问他为什么他写的代码这行……这行……还有这行……都有漏洞。他就回答我说：'你说得没错。那个代码写得糟透了。出漏洞的原因是……要是我有时间我就这么改……'那就是我想听的回答,所以我招的那个职位就用他了。直到今天他一直为我们工作,十分出色,而且他也没有大学学历。"

许多技术公司的首席执行官更愿意用从大学辍学的员工,也有一部分原因是他们自己本身就是从大学辍学的。无论是在什么样规模的技术公司中,那种对自己的创意非常有热情,以至于等不了四年,没法在校园里待到毕业的人并不鲜见。结构工作室(Structure Studios)的创始人诺亚·耐里克19岁就离开大学创立了一家3D软件公司,现在这家公司已经是全美国领先的可视化软件公司了。"一纸文凭等于告诉我这个应聘者去上过大学,"耐里克说,"可它告诉不了我任何关于这个人的技能水平、工作经历、工作的投入程度,以及他们在这个职位上会怎样与团队中的其他成员沟通交流。"

为了找到合适的人,像谷歌这样的公司会派招聘大使去各个精英大学,用免费比萨和"科技对话"的形式把学生召集起来。小一些的风险资本公司则会定期派高管到最优秀的工程学院"自驾游"。高原资本曾是地图查询网站MapQuest以及搜索引擎来科思的早期投资方。2012年,高原资本走访了卡耐基梅隆大学、康奈尔大学以及密歇根大学,花了整整四天,面试了100名候选人,最后仅仅招募了其中的5人。甚至这些高管本人也会去大学校园里物色合适的学生人选。品趣志的创始人本·希伯尔曼就是在南加州大学发现了大一新生萨赫勒·拉文吉亚,当时他看到了拉文吉亚自学编码后开发的一款数据追踪应用,之后希伯尔曼就开车从硅谷直奔加州大学伯克利分校去了,见到了正在球场打橄榄球的拉文吉亚。几天后,拉文吉亚就退学加入品趣志了。

品趣志只是众多不断在做这种尝试的技术公司之一,他们要在有天赋的人被学校束缚住之前找到他们。每当快寻的首席技术官利尤·夏皮罗想说服来他公司做暑期实习生的学生不要再回大学接着念秋季学期时,他就会带这些实习生去参加一个叫作"纯肉午餐"的活动,这是夏皮罗自己为不想上大学的人定期举办的,首字母缩写在一起就是AMCA。在圣马特奥的Espetus Churrascaria餐厅,只要符合以下任意一种情况,夏皮罗就会为处在上大学年龄段的打工者提供不限量的烤肉:要么不上大学了,要么从大学退学,再或者推迟入学一年。他在2012年6月首次将这项挑战发布在他的博客中,并且问道:"要上大学还是要吃不限量的肉?"

"想一想你认识的什么人,刚刚从学校毕业的,"他在帖子里问道,"有可能他们还在无望又无助地寻觅一个'入门级'的工作。好吧,你想知道他们当初如果怎么做,就能使找工作变得容易得多，而且还能获得一份比入门级要好得多的职位吗？那就是用他们人生中上大学这四年去积攒工作技能。"夏皮罗澄清说，他并不是认为上大学不值——那只是度过人生中四年时光的一种糟糕的方式。"Espetus Churrascaria餐厅是一家高档的巴西烧烤餐厅，有非常好的食物、环境和服务。他们有种午餐叫'全场通吃'，有七种不同的牛排可选，"夏皮罗说，"所以问一问你自己，你是想去上大学，还是想不限量地吃肉？"

从那时起，夏皮罗在烤肉串餐厅Espetus或是耶路撒冷烧烤餐厅Jerusalem Grill已经办过差不多有六次这样的午餐。而夏皮罗自己也是在Slide（社交软件公司）实习后从加州大学伯克利分校辍学的，那是一家专门做Facebook第三方应用的公司，后来被谷歌收购了。他最后还是回去完成了学业，但是他说："我做的事一点也不英雄，相反我这么做等于在很大程度上是个伪君子。那时候，我没有其他的选择。"他会告诉来快寻实习的学生，他之所以游说他们不要再回学校，完全是因为他们极其有天赋——"由贝尔曲线得到的3到4个标准方差值"。否则的话，跟普通人一样去上大学就会是理性的决定了。

关于午餐，夏皮罗说："也没有太多人因此而改主意，那只不过是要帮他们认识到上大学不应该是默认选项。"夏皮罗也是蒂尔奖学金的学员导师之一,实际上他是想通过这样做来防止"现状偏见":这个观点认为人的思维会假设现状是最好的选择。"如果你出类拔萃到非比寻常,"他又重申了一遍,"那就别受大学摆布,自己决定人生要迎接的挑战。"

夏皮罗谈到,关键的问题是当人处在17岁时,会把自己当成孩子,认为自己应该沿着一条系统性的道路一步步走下去。"如果你把自己当成成年人来看待又会怎么想呢?成年人是必须继续当前的生活吗?"他这样指出。他会告诉年轻人不要遵循他们认为理所应当的那条人生轨迹,而要去仰视让自己感兴趣的更高的位置,然后去学习要达到那个位置所需要的技能。

他认为去申请入门级别的工作是种非常荒谬的想法。相反,他告诉年轻人要首先去想他们的终极目标。从公司里一级一级往上爬是十年以前的事了。"找个入门级别的职位就标志着你根本还没计划好自己的人生。"夏皮罗这样说。而那个时间段恰好是18岁左右,想找工作的人不论想做什么,都有三年的自由时间把自己训练成自己想要的样子。"如果你18岁时是那样,你得把时间用得更聪明些,就会以不同的方式度过这段时间。相反,如果你去上大学了,你会浪费掉22岁之前的这段时间。"夏皮罗这样说,"除了那一纸文凭,能让你找工作的时候感受到的无助稍稍减轻一点,大学给不了你任何对人生有帮助的东西。"

夏皮罗还认为,通过YouTube或者从可汗学院(Khan Academy在线教育平台)上观看教学课程就跟上大学的效果是一样的,而且可能还更高效。"那样学习更容易使用电脑,比在任何教室里学都更有效率。"夏皮罗说,"我认为我们正在见证一场革命的开端。"

那些蒂尔学员已经开始这么想了,不过对于他们当中的多数人来说,从传统的大学体系转变成到硅谷自谋生路也是很可怕的。有些人加入了地区性的孵化器。按照硅谷典型的加速步伐来看,这种孵化器差不多相当于西海岸的常春藤。在硅谷,受教育程度取决于你离初创企业孵化器有多近,或者说离硅谷之神还有多远。你跟谁学习?你给什么公司打工?你的教育程度能让你跨入什么样的圈子?在这里,尊重取决于你能扩展到的人脉范围。

加入孵化器的人要学的不是旧代码,更不是跟岁数比代码还大的老教授学。他们会认识与自己年龄相仿的技术咖,那些人都处在计算机编程领域的最前沿。相比起常春藤学位,随着YC创业营、技术之星(Techstars)以及500 Startups这类孵化器成为与技术产业联系更为紧密的信号机制,许多十几岁的少年都认为，在一个越来越以技术为焦点的经济体中，去上一所综合性的文理学院，学习一堆人文课程，还不如进入一个孵化器，在那里更有可能让大学生获得找工作的必备技能。

再加上孵化器在准入方面筛选越来越严格，产生的成果也是实实在在的——像Dropbox和Airbnb创始人创办出的这些十亿美元级别的公司。尽管大学学历以前能给学生提供一种保障，也就是还有一纸文凭可以依靠，毕业生现在却发现，更能带给他们求职安全保障的其实是编程的能力。在2010年到2015年硅谷的第二次发展热潮期间，雇主根本找不到足够的应征者来填补公司的职位缺口，而且随着大学生找工作越来越难，唯一能逾越这个巨大鸿沟的就成了那些掌握计算机科学相关技能的人。而这些人聚集到一起走的那条快速通道就是：孵化器。

这些孵化器哪一个都比蒂尔奖学金的期限要短，而且一定程度上组织性更强。参加聚餐和社交活动都是强制性的，孵化器的领导人有办公时间，开放给学生在线预定。对于一部分学员来说，孵化器的这种模式更具有吸引力，比如伯纳姆和强纳森·玛尔巴切就在线申请了YC创业营。这个孵化器成立于2005年，创办人是天使投资人保罗·格雷厄姆，在硅谷人们都将其称为"YC"。这里的申请者接受比例比哈佛、耶鲁和普林斯顿还要低。虽然孵化器是没有总部的，而且运营场所设在山景城，但是只要得到这个为期三个月的项目认可，就有了人脉网渠道，能够接触到硅谷最富有价值的企业家和投资人，结识未来的联合创始人，以及源源不断地见到有权有势的演讲人。每部分内容要结束时都有一个"展示日"，参加孵化器的人可以向投资人展示他们的公司创意。

到2012年，YC创业营已经启动的公司总额超过10亿美元，孵化出了像Dropbox、Airbnb、路谱网（Loopt）等公司。Loopt是个手机位置共享服务，现在已经被收购了。YC创业营每年有两次课，或者说两个循环，其间这些创业公司会搬到旧金山湾区，以寻求导师指点以及编程合伙人。每个为期三个月的循环周期都是围绕着建立新公司这一主题。虽然YC没有固定的总部，但参加者在每周举办的活动上都会互相见面，还会见到可能成为自己导师的人，而且每周都会有不同的硅谷大神级人物来演讲。每周聚餐这个创意效仿的是高台餐桌（High Table），那是牛津大学的一项传统，学生们每周在聚餐时会见到他们的教授，不过孵化器的聚餐活动无疑是符合硅谷氛围的。餐食没有放在能坐20个人的烛光餐桌上，而是都放在白色的手推餐台上。抱负远大的创始人也不系黑领结，他们穿的是T恤，随身带着便携式笔记本电脑，以便随时展示一周课程下来他们编出的新代码。

强纳森·玛尔巴切结束了在维克森林大学的最后一学期后，随即加入了YC创业营。他的出现直接引发了奖学金团队的四分五裂。他离开大学后直接申请去了YC。而他被孵化器接收后就在2012年1月1日搬出了硅谷。在孵化器期间，他日夜都在尝试想出一个能解决某个世界性问题的新创意。"我们能想到的最大的问题就是邮件过载了，"玛尔巴切回忆说，"我们解决这个问题的方向是找到一种能够自动过滤干扰性邮件的方法，把我们想在私人时间看的东西全部过滤掉，只把重要信息留在邮箱里。"这个程序项目的导师跟玛尔巴切及其合伙人一起打磨这个创意，可到最后，貌似大部分人都不愿意放弃Gmail而更换其他邮箱，所以他们就没几个用户。

YC一结束，他的新合伙人就对这个项目失去兴趣，转而去关注其他公司了，这个团队也就解散了。玛尔巴切又搬回了纽约，可以离他家近一些。"在硅谷，我跟谁的关系都不是特别密切，"他不无失望地说，"协调每样事情都很费劲。"他没有车，离其他学员又太远，这使他很难和其他人保持联系。回想起来，玛尔巴切觉得奖学金带给他的最好的经历就是在YC那段时光了。他回忆说孵化营里边的伙伴都是公司创始人，而且他见到格雷厄姆的机会也比看见彼得·蒂尔要多。"任何时候只要我想见他，只要提交一份申请表就可以了，"他说，"他甚至会冷不丁发来一封邮件问问：'嘿，约翰，情况如何？'"

"我不知道他是不是真的在意，但他这种实际的举动对我来说是很重要的。"

用餐完毕，每位嘉宾演讲人都会聊一聊他们创建的初创公司，以及如何发展至今，之后就是和听众互动的问答部分。一周接下来的日子里，9名全职的YC顾问，以及所有企业家和投资人都会在"办公时间"内回答有关创建初创企业的咨询：保罗·布克海特、艾伦·伊巴、卡洛琳·莱维、杰西卡·利文斯顿、科斯蒂·纳瑟、杰夫·拉尔斯顿、哈吉·塔加尔、加里·谭，以及创始人保罗·格雷厄姆。

格雷厄姆生于1964年，因为创建了维亚网店（Viaweb）而声名大噪，后来改名叫雅虎商店了。从那时起，他就在做计算机编程，同时也是风险投资人，之后创建了YC。其他拥有YC股权的合伙人还有萨姆·阿尔特曼，现在是该组织的总裁，以及简彦豪和艾米特·谢尔。他们的工作人员中有人是律师，可以免费为YC提供法律建议。

孵化器还设有支持网络，可以及时帮助成员发现问题、构思创意，并为那些一直找不到创业问题切入点的成员提供帮助。孵化器的顾问会跟参加YC的人讲，他们需要弄明白自己公司的目标用户，然后让他们列出自己的强项。一般到项目结束时，15%的成员会因为对原有创意改动得太大，而最后产生出一个完全不同的创业计划。成员一旦确定好创意，顾问会随即指导他们，告诉他们要从哪里入手，怎样做才能快速高效，以及如何以最快速度获得用户，以此判断这些创意是今后大有可为还是行将末路。

格雷厄姆认为YC创业营能成为最有价值的孵化器之一，靠的正是这种扫清糟糕创意的能力。他在自己的个人网站上写下辨别坏的创意如何产生好的结果："这看似是矛盾的，但这些灾难性的创意恰恰是快速创业的原因所在：所有糟糕的创意都代表着你最终必须要去解决的问题，哪怕只是为了找到这些问题都没有其他办法，只能去实行你的创意。在实践中，糟糕的点子有时源于技术瓶颈，有时是法律方面的威胁和隐患，但是最为普遍的问题还是用户不怎么喜欢你的产品。"

每当创始人为创建初创公司做好各种准备时，他们就会去预约创业顾问的办公时间，见面后会请顾问帮忙指点如何推出他们的产品，以及怎样把产品展示给用户、媒体和投资人，这些一般都是从做网站开始。到他们完成这一步之后，就进入宣传环节，其间他们就会和YC的合伙人们一起坐下来，在白板前群策群力，想出要讲什么样的故事去宣传，还会商讨宣传活动要选择哪家新闻机构。然后就是筹措资金的问题了。

YC的合伙人给他们建议，告诉他们应该去募集多大数目的资本，找谁去投资，选什么时机去筹措资本，以及他们的创业公司应该制定什么样的财务目标。多拉投资并不一定就是好事。"就好比如果你爬太陡的山，你爬得就慢了，"格雷厄姆说，"放到这里也差不多，如果你在这个阶段总想弄到大钱，那不只会花费许多时间，搞到最后展示不出好的产品，甚至还会丧失筹到小钱的机会，因为起初的试水（如果没筹到大钱）冷却下来，你的产品（一直摆着无人问津）就会开始出现货架磨损。"

到了整个周期的最末端，就是创业公司做好准备，在展示日上进行陈述，并当着投资人和合伙人的面演示产品。在整个创业周期的中期，这个地区最顶级的风险投资公司之一红杉资本会来到孵化营，跟每个创业团队谈话。红杉资本通过做咨询顾问这种形式能够提前了解到各个初创公司的情况，而初创公司也同样能由此获得早期的投资反馈。

孵化器为加入这个为期三个月创业项目的创业者准备了两次派对，分别安排在项目起始和结束之时，同时还有常规的欢乐时光社交活动，遍布于帕罗奥多市和山景城的各个酒吧。创业者也会自己组织社交活动：对于喜欢编码远远超过在社交聚会上玩木桶倒立的软件工程师而言，这可谓是无比艰巨的任务。YC"批次"往往会形成一个小圈子，让其中每个成员都走得更远。单是YC创业者和校友结成的关系网就足以吸引人留在湾区了。他们还会牵线搭桥联系记者，帮助记者搜集创业公司的资料，而创业公司也能借此获得投资。

2005年YC举办首个展示日时，吸引了15位投资人。到了2012年秋天，投资人数量飞速增长至400人，他们拭目以待孵化项目会产生出什么样的公司创意。到了2015年，参加展示日的投资人已经超过了500人。展示日过后，YC会与创业者保持联系，并安排后续跟踪会议。虽然孵化项目到展示日过后就结束了，但YC会在整个谈判期一直保持与各个初创公司的联系，有时候甚至会亲自与投资人进行交涉。

还有些初创企业经由这个孵化项目获得了九位数的巨额回报，包括Cloudkick（云管理工具平台）和Heroku（支持多种编程语言的云平台），以及可能最为出名的红迪网，其联合创始人亚历克西斯·奥海涅现在已经提议将公司迁回了东海岸。

在选择创业地方面，格雷厄姆的主张和蒂尔相同，他鼓励创业者到西海岸创业，不要去东海岸。"湾区就是发展初创企业的地方，这就好比洛杉矶就是发展电影工业的地方，"他这样说，"你认识的很多人可能就和创业这方面有这样那样的联系。"虽说他没有像蒂尔一样抨击大学教育，不过格雷厄姆表

113

示:"来YC创业营只需要花费三个月,然后各个初创企业想去哪里发展都可以,这比哪所学校都要快。"

然而尽管YC如此吃香,格雷厄姆在2012年秋天发布的一篇有关孵化器边际成功比率的帖子却让投资人和创业者等各方都大跌眼镜。他在文中承认,YC孵化的所有公司,其回报加总起来只以微弱优势实现盈利。他还写道:"最好的创意一开始看着都像糟糕的点子。"

这篇文章也体现出另一个事实,那就是虽然格雷厄姆通过YC创业营投资孵化的公司总值达到100亿美元,但其中四分之三都来自于两家公司:Dropbox和爱彼迎。据乐观估计,每"批"只会有一家公司产生实际的效益回报。因此,格雷厄姆也表示,每位创业者创业成功的概率都很渺茫。"任何群体获得极大成功的可能性都低到哪怕用显微镜看都极小,不过19岁这个群体获得这种成功的可能性可能会比其他群体要高,"格雷厄姆在帖子里这样写道,"彼得·蒂尔第一次来YC讲话时,他画过一个文氏图,完美诠释了这种情形。他画的是两个有趣的圆圈,其中一个标注上'看起来像坏点子',而另一个标上'是个好点子'。"

例如,投资人起初都曾对爱彼迎表示出极大的怀疑。格雷厄姆没能说服任何一个人给爱彼迎投资。最后在他的整个风险投资关系网里，只有一位来自红杉资本的风险投资人格莱格·麦克阿杜给了爱彼迎一个机会，他从事的是假期房屋租赁业务。到2012年秋季，爱彼迎的估值就有25亿美元了。三年后，其估值已经达到约250亿美元。

"'好点子和坏点子'的交点就是初创企业的甜蜜点"，格雷厄姆这样写道。不过要找到这个甜蜜点可就难上加难了，差不多都能抵消其本身的好了。"绝大多数看起来像坏点子的创意确实就是糟糕的，"格雷厄姆这样写道，"你从所有创意中挑了一个大赢家，可没有两年时间根本看不出好坏。"

YC创业营能够跟踪到的一项通用衡量标准就是每个初创企业在展示日后能募集到的投资数额，然而这个数字也是最具有误导性的。"募集到投资的初创企业比例与财务方面有影响的指标之间不存在相关关系，无论所测量的那一批初创企业中是否包含特别成功的创业公司。"格雷厄姆这样说，他还补充道，"除了有负相关以外。"然而，就算是大部分创业公司都以失败告终，但创业者在与其他志同道合的人共同为了在乎的创意而努力，相比待在东海岸的教育机构，他们从中获得的经验还是更加真实的经历，而且也比走传统的职业道路更有获得感。对于众多创业者来说，最好的就是准备好一套备用方案：他们能回过头去做任何人都能做的事——上大学，而且，还已经有了开公司的经历。在一个视失败为美德的世界，企业在风险浪潮中是开了3周就翻船覆灭，还是一分钱也没赚过都无所谓。至少他们曾经出来闯荡过。

彭博电视台真人秀节目《技术之星》背后有个同名孵化器Techstars，是企业家大卫·科恩于2006年在创业的冷门城市丹佛建立的。这个孵化器的发展速度比YC更快、更公开，也更像是每期介绍一家技术型初创企业的真人秀系列节目。作为一名职业天使投资人，科恩已经在科罗拉多州成立过三家公司。在成立孵化器之前，他还建立过一家生物公司"精准技术"（Pinpoint Technologies）和一家音乐服务网站耳朵"给料机"（earFeeder.com）。后来他意识到自己更想做投资行业。于是，他决定以建立创业网络的形式来做投资。

"我热爱天使投资，但我认为一直以来做天使投资的方式都太糟糕了。"他解释道。科恩想看一看新公司作为整个网络的一个组成部分会做些什么，然后再决定是否将其纳入自己的投资组合。时间以三个月为期，这个时长和YC创业营的设定很像。科恩所做的第一步是组建一个导师团队，最终他建立了一个由七名天使投资人组成的创业网络，其中有企业家（要指导自己相中的新公司），还有几位首席执行官。

第一期项目始于2007年，有十家待孵化公司，它们当中有两家当年就被大企业收购，另有三家在2012年被收购。两年之后，Techstars扩张到波士顿，紧跟着同年扩张至西雅图。2011年，Techstars NYC在纽约开张，由那位30岁的富家子弟丹尼尔·蒂施资助。那时候，让一名非创业者出身的亿万富翁级富二代来指导一群斗志昂扬的技术创业者是个富有争议的选择。有了纽约的分公司，这个七人团队推出了一个"全球加速器网络"，连同时任总统奥巴马的"创业美国伙伴关系"行动一起寻找来自各个国家的22岁青年人。

后来他们推出了《技术之星》真人秀，那是第一档与创业相关的电视节目，比精彩电视台（Bravo）的《硅谷》还要早。彭博电视台的这个系列节目跟踪了2011年Techstars美国分公司孵化的那一批公司。节目要展现的是对创业者生活的一窥，还配上了"白板共享""迅速转折"等创业术语。在一集节目里，Onswipe（平板电脑设计模板和广告网络公司）的创始人杰森·巴普蒂斯特把创业生活和战争做了比较："从体力上说不像打仗，但从精神上说和打仗完全一样"。尽管孵化项目中的其他导师和创始人都觉得巴普蒂斯特"傲慢"，但也只能对他公司的成长速度干瞪眼。后续节目中也证实了他们说得有道理。最后一集中，巴普蒂斯特在为自己的态度辩护时说："你必须自信——有人在靠你的自信谋生。"

在第一季节目里，Techstars的这期创业者募集到了2500万美元投资。尽管数额不等，表现不一，但跟之前从事的事情相比，所有人都更愿意选择他们的创业道路，至少他们在节目里这么说。例如，ToVieFor（时尚奢侈品拍卖网站）的创始人梅兰妮·摩尔现在建立的手提包专卖店网站，客户可以在线选择自己愿意支付的价格。而过去她任职于投资银行业，那时候她和自己的团队夜复一夜地困在办公室里。摩尔还记得当时她看到自己的老板，那个40多岁的男人让她想到，"我跟自己说，'要是我确实要努力工作，那往后十年中，就依然要每天在这间会议室里干到凌晨两点。'"虽说ToVieFor现在已经倒闭了，但创建一家时尚业公司更有乐趣，也更令人激动。

况且，公司倒闭并不会影响到创始人与那些展示日上常见的导师之间的关系，比如Foursquare（四方公司）的创始人兼首席执行官丹尼斯·克劳利、汤博乐的首席执行官大卫·坎普、枢纽点公司（HubSpot，数字营销公司）的联合创始人哈米斯·沙哈以及联合广场风险投资的弗莱德·威尔森。到现在，Techstars在西雅图、波士顿、纽约、圣安东尼奥以及科罗拉多州的波德市都有孵化项目。每个城市都有50至100名导师遍布在各处，他们每年会指导10至15家参与该项目的公司。

Techstar也会和其他孵化器一样,自吹自擂说他们的通过率要低于哈佛:只有1%。"我们的选拔率是低于常春藤院校的,所以你要想从Techstars赢得投资,就得好上加好,出类拔萃",网站上如此广而告之。网站上还声称,这项为期三个月的孵化项目要比上四年大学更为严苛。中选的创业公司不止要在Techstars的办公场所奋斗,还要在孵化器创业网络找来的投资人面前呈现自己的创意。每个创业公司会得到18000美元,相当于预支公司价值的6%。Techstars把最初这18000美元视为118000美元,因为孵化器同时还为创业公司提供了可以自选的10万美元可转债。科技界成就杰出的演讲人也会每周出席两到三次孵化器的晚餐活动,这点Techstars也和YC一样。创始人还可以访问当地的公司,面见那些公司的首席执行官和创始人。

每期项目开始后的初始月期间,各位创始人会向导师介绍自己的创业点子,并且会得到导师的反馈,从而了解他们是用"迅速转折",还是要直接改变创业方向。接下来的一个月中,他们要扫除具体的问题,并且理清公司扩张的路线,或是开发确定的产品。在第三个月中,项目参与者们则要想明白项目结束后自己该怎么做,比如怎样向投资人宣传以募集投资,还有最终如何把公司推向市场。话又说回来了,每期项目的高潮就是展示日,投资人和企业家会从四面八方赶来观看这些公司最后的陈述。

这些公司当中有一些做得很不错。传送网（SendGrid）是一个云邮件平台，募集到了超过2700万美元的投资。Graphic.ly是一个电子漫画书网站，募集到了420万美元。美国在线公司、捷舞软件（Jive Software）以及博客平台WordPress也都在孵化项目结束后第一年就被其他公司收购了。这些创始人表示，他们的初创公司平均募集到的外部资本已经超过了100万美元。申请方面，Techstars同样拥有众多激情澎湃的创始人去填报他们的网上申请。他们可以用软件、网页、社交媒体、消费者互联网等方面的技术创意去申请孵化项目，但是不能以生物技术、开餐厅，或者"本地化服务为导向的公司"创意去申请——也就是Techstars的创始人和导师知之甚少的那些领域。申请人的公司可以是已经处在募集投资阶段的，也可以是已经拥有投资的，或者还可以是一无所有刚刚起步的，但他们表示，"无论哪种都不会为时过早"。

再有就是孵化器500 Startups，运作得更像是一家风险资本公司，而不大像一家天使投资阶段的孵化器。500 Startups也是所有著名孵化器中规模最小的，由企业家兼天使投资人、微软和英特尔的前技术顾问，以及后来在贝宝做营销总监的戴夫·麦克卢尔创立。2004年，麦克卢尔离开贝宝时，他开始投资消费者互联网领域的初创企业，比如薄荷（Mint，理财应用，后来被财务软件技术公司Intuit收购）、共享幻灯片（SlideShare，在线幻灯片分享社区）、特立欧（Twilio，开放插件式电话跟踪服务）、费用斗士（FeeFighters，企业客户金融服务供应商网站）、SendGrid、卡马信用（Credit Karma，消费者信用管理公司）、野火互动（Wildfire Interactive，社交营销公司）、比特缩（Bit.ly，网址缩短服务）、众包之花（CrowdFlower，众包服务平台）、凯斯计量（KissMetrics，面向企业的分析服务公司）、教学街（TeachStreet，电子商务教育平台）、我的Gengo网（MyGengo，人工翻译网站）、Mashery服务（API管理平台）以及简单雇佣（Simply Hired，职位搜索引擎），还有很多。麦克卢尔最终加入了彼得·蒂尔的创始人基金，运营FF天使投资（FF Angel）。FF天使投资是创始人基金的一个种子阶段的投资项目。五年后，他又成为了Facebook旗下基金fb基金的投资总监，这是一家由创始人基金和Accel风险投资合伙公司（Accel Partners）共同经营的合资企业，向处在早期发展阶段的那些为Facebook开发应用程序的初创企业提供种子投资。

至少有10家500 Startups孵化的公司已经被收购，而且他们另一个基金也已经额外募集到5000万美元外部资本。麦克卢尔也已开始探索纽约的市场，涉及传媒、时尚和娱乐领域。

然而，500 Startups依旧不能与YC创业营比肩。有个事实是麦克卢尔十分清楚的，而且他也经常引用在自己的博客里，那就是"YC无疑是洋基队，而500 Startups则更像是奥克兰A队"。他谈到YC背后有"亿万富翁创业俱乐部"那些公司的支持，像Dropbox和爱彼迎，而500 Startups最大的成果也就是MakerBot（3D打印机），2013年6月被斯特塔西公司以4.02亿美元的价格收购。

"YC是黑客去的地方，500 Startups是属于皮条客的地方，"麦克卢尔引用了他朋友的说法，"YC在软件工程和编程文化方面是无可匹敌的，而500 Startups在营销、设计和讲故事几个方面的文化是最优秀的。他们属于精通下象棋的书呆子类型，而我们是玩乐队的极客。YC造火，500 Startups偷火。"

麦克卢尔还认为种子估值在300万至700万美元之间的像样公司对于创始人和投资者来说都是很不错的节奏，而且会有"更为持续的价格"。不过他已经称赞YC为"我们能站在其肩膀上的巨人，包括500 Startups和其他孵化器"。他写道："他们踢着每个人的屁股，具有压倒性的优势，很容易就成了山中之王。"

除了孵化器，还有各式各样的新奇大学，为取代传统的教育机构而设立。这其中就包括风险投资人蒂姆·德雷普建立的德雷普英雄学院。英雄学院的规模和名气都远不及YC，甚至也不如500 Startups，最近则因为给了Theranos公司一笔相当大的投资而声名鹊起。英雄学院取代传统大学的方式与孵化器有所不同，那是种曲线救国的方式，创造一所以营利为目的的孵化器大学。德雷普以早期投资过Skype和Hotmail而闻名，而且他一直主张教导学生学习商业与创业。

不过，他最大手笔的动作还要数2011年决定以600万美元收购位于圣马特奥市中心的本杰明·富兰克林酒店，并将其改建为一所创业大学。他计划组织几个班级的学生，以临时性寄宿学校的形式开展学术项目，10周为一个周期，专门培养学生的创业技能，并且会和斯坦福的课表错开。

这家酒店也就被德雷普作为开展试点项目的实验性场地，于2013年冬季投入使用。"试点项目开始后就像病毒一样不断扩散，全球有数以百计的人申请，"德雷普在为该项目发布的首次通告中这样说，"毫无疑问，我们准备要在1月份项目开始之前雇用更多的招生人员。"虽说酒店所在的社区起初对德雷普这个设想是持批评态度的，但其投诉的是争抢停车位的问题，而跟替代性教育没关系。德雷普为了打消周边邻里的顾虑，保证说不会允许学生把车开进社区。

2013年，德雷普英雄学院开张，当时有40名教师和10至15名学生。一二三层是师生们住宿的地方。大厅则作为上课的地方。最终是希望容纳150名学生。口号是什么呢？"世界需要更多的英雄"。学校的网站上没有校长，而德雷普的职务是"冒险大师"。

"我们现在培养的是追求更高、做得更好的发散型学习者"，这是英雄学院的使命宣言。这里所谓"发散型学习者"甚至不是个单一词汇，也不需要按字面意思理解——语法在这里不重要。"这种类型的学习者希望受到启迪，愿意去做别人认为不可能的事，无所畏惧。"每名学生会创建自己的公司，还会形成一个导师和教练人际网，就和孵化器是一样的。最终，还是像在孵化器那样，他们会向硅谷的投资人推销自己，募集投资。学院教授的课程也"以超级英雄主题为核心"，开学晚会的邀请信息也是以类似漫威的卡通版超级英雄为背景的。

学生还可以参与各种活动，诸如公共演说、电话推销、无土栽培、瑜伽、赛车、射击，为今后做准备的投影练习、速读以及商务模拟。德雷普还一反典型孵化器为创业者投资的做法，依据课程时长向学生征收9000至15000美元不等的学费。

相比起东海岸高校正在做的事，德雷普的做法只是第一步。现在在东海岸，从哈佛大学到东北大学都已经开始建立它们自己的高校版YC，尽管采用的还是常春藤的教授和课程班级。近年来，这些高校内一窝蜂产生了不少孵化初创企业的活动，有三分之一的商业孵化器设在大学校园里，超过了2006年的五分之一这一比例。甚至于像杜克大学和雪城大学这种以培养体育明星队伍而非产生初创企业而闻名的学校，也都在规划它们的孵化器场地。部分原因要感谢蒂尔和YC的格雷厄姆，硅谷扩张的实验已经开始。现在的问题是，校园文化能否这样保持下去？

第6章

驾驭世界的女性领袖

2012年春,劳拉·戴明获得蒂尔奖学金也差不多有一年了,她那羽翼未丰的长寿基金还是没能募集到多少投资。她也没再回学校上学,但回到了校园,在斯坦福大学的一间实验室里测试小白鼠,想要找到延长这些小鼠寿命的方法。实验室把她归到了新人才行列,她在那里会寻找有前途的年轻科学家,同时也会继续寻找愿意给她的长寿风险公司投资的公司。来到这里给了戴明一些安慰,至少她还离斯坦福不远,虽然严格来说她不是这里的学生。

戴明很享受和其他蒂尔学员一起住在帕罗奥多市的日子,可是她在实验室的工作还是没什么进展,没能发现什么重大的新概念,也没遇到可能会给她的基金投资的潜在捐助人。而与此同时,更没能探索出可以延长人类寿命的新的生物技术。还有,她的社交生活也有需要操心之处了。所有这些事情接踵而至,相当沉重。她于是决定要成为一名果食主义者。

在戴明所处的研究寿命这个圈子里,她早已经习以为常会遇到践行各种饮食习惯的科学家,那些人会采用某种饮食习惯,然后观察自己身体的感觉。劳拉身边有不少人坚持限制卡路里摄入量的饮食方式,还有更加典型的限制碳水化合物摄入量和脂肪摄入量的饮食方式。她的一些搞技术的朋友把他们的身体看作机器,会持续地增减食物群组,以此来测试自己身体产生的机能变化。戴明有个朋友已经尝试过只吃水果了。因此戴明决定,为了增强自己的精力,她要在接下来六个月为自己的基金募集资金期间,戒掉所有的肉类、面包和乳制品。她那娇小的身体变成了更细的一小缕,每天晚上睡得也越来越少了。但是她发现自己的精力更集中了,思路也越来越清晰,而且还发现自己白天能做完更多工作。不仅如此,戴明甚至发现她新的饮食习惯帮她适应了硅谷这里奇怪的社交状态——一种完全不同于她曾经在麻省理工隐约觉察到的社交状态。在麻省理工的时候,她身处一群戴着眼镜,穿着白大褂的科学家之中感到很坦然。只有研究助理会对她有这样那样的好奇。觉得这里有个微不足道的小小天才，对研究测试小鼠的寿命充满热情罢了。

但是在硅谷，每个人在某个方面都有点天赋，他们还都表现得好像自己的身体是个什么精密的机器，需要特殊维护似的。所谓的维护就包括摆脱偏见的饮食习惯、健体养生，或者让自己这台精密机器运转得更高效，编码更快速的交配系统。做一名果食主义者帮戴明适应了这个做个书呆子只是基本线，却还远远不够的地方，你还得以某种特定的困难方式让自己变得古怪，从而使自己变得更加高产。

戴明符合这个要求了，诺尔·希迪克也是如此，至少对于强纳森·伯纳姆来说。诺尔暗自申请了2012年的蒂尔奖学金，就是伯纳姆的下一年。她不想把这事告诉她父母，也不想告诉任何与此相关的人。她的父母都生于巴基斯坦，后来为了获得更好的教育机会而移居美国。他们希望自己的儿女也会拥有同样的机会。他们搬到了华盛顿特区，两人在那里的华盛顿大学教课。他们不只是想让诺尔上大学，而且想让她去上研究生。诺尔在网上看到蒂尔奖学金的消息后，曾经尝试和他们提及过，但是他们表示反对，让她不要去申请。

她父亲尤其认为十几岁的人就应该待在学校。人在这个年龄，就算拿着10万美元也不知道想用来做什么，而且这个年纪也不会知道自己以后的人生是什么样子。但是希迪克对她自己想做什么已经有概念了。她在巴基斯坦生活过，她亲眼见到过在世界那个地方，贫穷是什么样子的——而且后来她还见到过西方相比之下的优势所在。她想要找到一种方式，把东方的穷人和西方富有的雇主联系起来。这个想法吸引了蒂尔奖学金的组织者。他们决定选择希迪克作为最后的入围者之一。

希迪克太渴望这个奖学金了，以至于她父母最后也被迫同意了。"一旦拿到那笔奖学金，就等于她想去哪儿就能去哪儿了。"她父亲这样说。他仍然对诺尔即将选择的生活方式感到不悦。在他看来，那种生活方式在社交方面管理得比他所认为的高中生活更加松懈。他也不喜欢诺尔在生活和工作中都离男孩子那么近。诺尔已经考虑要去Glint理想国（几个热血青年一起创立的英雄理想国，是给思想超前者共同居住的地方）和其他蒂尔学员一起生活了，他对此表示失望。

在奖学金生效期间，诺尔会得到前蒂尔学员的辅导，她就是这样认识伯纳姆的。他为她提供帮助，让她全方位了解这个奖学金项目。两人不久后就开始约会了，但是他们的社交时间少之又少。希迪克还收到建议，让她把精力放在自己的创业点子上。她从前想这些创意大部分都是在家里，在她那间自己称为"山洞"的房间里。她会用许多从杂志上撕下来的页面,还有励志的名人名言,比如亚伯拉罕·林肯、保罗·科尔贺、乔治·萧伯纳和可可·香奈儿,用这些东西盖住自己写下的创意。

她和伯纳姆的恋爱关系对她度过这段过渡期有所助益,但她还是想尽可能保密,因为严格来说伯纳姆还是她的导师。她很快就明白自己有多么幸运,能够在这个群体中遇到所爱,真正在约会的人是少之又少的。甚至戴明都越来越对这里缺乏真正的绅士感到失望,尽管她得到了那么多关注,再加之那个对她十分利好的十比一的男女比例。

戴明不久就意识到,作为一名硅谷的女性,和东海岸的女性是不同的。在这里不论是女性之间,还是与男性的聊天都不像东海岸那样——从女人的穿着打扮或是想进入什么样的社交圈子开始。在帕罗奥多,穿高跟鞋或长短裙的姑娘少之又少。沿着大学街一路走下去,你想找到哪怕一家内衣店都很难。大部分成衣服装店卖的都是露营服装。至于披肩和围巾,还是别想了。夕阳西下后人们会套上一件抓绒卫衣。

她发现穿着裙装走在山景城、桑尼维尔或者帕罗奥多大街上,就像是大中午准备好要开舞会——裙装要么就是某位东海岸女性的标签,要么就是要去参加一场化装舞会。牛仔裤才是这里的制服,不论性别。男人要是穿上史蒂夫·乔布斯最钟爱的那种运动鞋就更好了，证明他们和这位技术大师有某些共同之处，他的传奇依然活在股价里，还有用户的界面中。

女人的牛仔裤可松可紧，但是裤装是至关重要的，能够显示出她们超越了东海岸。对女人来说，证明自己不是受性别刻板印象束缚的奴隶才是关键。最好是用尽可能多的公司品牌来替代身上的品牌。绝不会去炫耀蔻驰、古驰或是各种POLO衫品牌，这是大忌讳。相反，一个初创企业不应该跟任何品牌或口号扯上关系（哪怕是按照银行账户来衡量起来，比其他牌子都要大牌的创业企业，比如Facebook、谷歌和苹果）。最好的T恤是包含着公司创业史的，越早拥有这样的T恤就越优秀。例如2005年刚诞生不久，而现今已经做大的公司。因为这象征着你手持多少股票，并且间接说明你多么富有。2007年那时候，穿件Facebook的T恤可是比开法拉利更强的标志，因为法拉利也不过就15万美元，而Facebook的早期员工在2007年公司上市后都赚到了数千万美元。

戴明意识到，在硅谷人人都想要的男人并非是魅力型运动员，也不是精明练达的商界骄子。女人都在找的是那种任职于大型技术公司的第五、第六和第七号人物。有一天戴明正在大学咖啡馆里上网，她无意中听到有个姑娘指着她们前面一个身材微胖，头发红红的人叫了出来："他就是第五号！"

硅谷的女人不会穿成海军风打扮，也不穿带褶皱设计的衣服，那都是东海岸度假小镇的风格。帆船款裙子或者船锚图案都是维珍美国航空员工的标志。作为一个生活在硅谷的女人，不哆媚、不娇柔，并且穿着上的皱边装饰越少，才是最好的。当然，没有女人不希望自己具有吸引力，这在硅谷也完全没问题，只要多数时候凭借的是气质而非昂贵的裙子。短裙只要有口袋就行，就像牛仔裤的那种口袋，或者些许类似建筑款衣着的款式也可以，都能体现出一个人的坚韧。戴明感觉她也应该要时刻尽力证明自己也能表现得像男人一样。所有娇美的、蕾丝的或者精致细腻的风格都透着脆弱。军靴是十分重要的，甚至在夜晚时光穿着超短迷你裙时也不可或缺。

旧金山就有点不一样了。尽管推特和移动支付公司Square可以说已经统治了教会区，原来旧世界的残余也还是存在的。旧金山的着装风格和硅谷有微妙的差别。旧金山的性别比率更为平衡，而且社交的机会也更多，同时这里还有总像是技术圈人群陪衬的社交守旧派，因而旧金山的犯规和破坏就经常以化装派对的形式表现出来。

大约从2010年到2015年，像Facebook和阿里巴巴这样的技术公司首次募股就价值千亿美元，旧金山本地人发现自己的城市处于一种奇怪的境地。过去他们掌管着城市的博物馆和歌剧院，可现在他们连捐款达到与那些技术高管几乎持平都做不到了。他们甚至没钱维持原来的旧制度了。于是他们不得不对那些技术咖夫妇们示好，以此来维持各种机构的运转。与此同时，那些技术大咖也乐于和那些老古董们称兄道弟，从而获得认可。回到父辈母辈的车库里，他们从没梦想要去主持博物馆舞会，或是去顾及医院效益。可是现在，他们做到了。

可能在旧金山还有些人是欣赏性别差异的，可是旧金山之外半岛往下的地区，就完全不是那么回事了。在那些地方，雌雄莫辨的着装风格还延伸到了交配行为。男人们写代码太忙了，以至于没时间做男人。每当他们真的工作起来，干得"汹涌澎湃"，想到一个程序，然后和时间赛跑，赶在别人之前做出来，这时候他们的肉体基本上和精神是分离的。他们表现得跟东海岸那些靠睾丸酮驱动的银行家完全不同。他们的脚就像植物一样长在地上。而让他们性欲大发的也不是喝到酩酊大醉的泳池派对，而是深夜里的线上"约会"，如果运气够好的话。硅谷是一片性爱荒原。许多程序员从一开始就发现了。

尽管戴明相当享受这种对她有利的性别比率，她说以前在硅谷之外的地方从没感受过整个派对上，或是在她住的别墅中，自己是唯一的女性，但不久她就意识到身边许多女性对硅谷这种不平衡的性别比率愤愤不平。算起来两性比是男性占60%，女性占40%，但实际感受是男性要多得多。女性会抱怨说硅谷的男性是"二等的贝塔[1]"，而女性是"一等的阿尔法[2]"，尤其是那些追随Facebook首席运营官谢尔丽·桑德伯格"向前一步"原则的人。这项运动的灵感源于桑德伯格自己所著的同名畅销书，《向前一步》鼓励女性倾向并掌控自己的职业生涯。

然而，桑德伯格本人的着装却很像一名华盛顿政客，许多人都认为那正是她所追求的。桑德伯格及其发起的运动让硅谷女性感到她们应该表现得能与男性一争高下，而且没必要为了吸引男人的注意而按照他们喜欢的样子着装。戴明很倾慕桑德伯格。在硅谷，她发现女人通常会和比自己年轻的男人约会，这是特殊的社会人口特征决定的。年轻的男性多金，还作为早期雇员与大型技术公司一同成长。单身女性在罗斯伍德酒店这类地方要猎取的正是这样的人。

硅谷有许多已婚的女性鲜少论及自己的丈夫。她们不想被当成"某某的太太"。艾琳·李就是硅谷这些成功女性当中的一位，她起初通过成为一名女性创始人来印证这一点。戴明还

---

[1] Beta。
[2] Alphas。

没见过艾琳·李，但她知道李及其新创立的基金牛仔风险投资，名字起得生动形象。戴明为此而着迷。

李已经在硅谷生活几十年了，是硅谷最核心的一小撮女性之一。她承认说，"很显然我对性别有过很多思考"，彼时她正交叉着双腿坐在罗斯伍德后院的露天凉台上。"人们对种族和残疾问题都很敏感，但就是对性别问题不敏感。我说的是不是那位Tinder女孩？"

她指的是惠特尼·沃尔夫，Tinder（手机交友应用）的联合创始人。这位联合创始人最近离开了公司，另起炉灶创建了与Tinder相竞争的约会应用Bumble。然后是凯鹏华盈的合伙人鲍康如，她也对这家投资公司的性骚扰行为提出了诉讼。鲍康如说她在凯鹏华盈例行地被男性合伙人忽视，被排除在全男性参加的公司滑雪旅行之外，还经常遭到男性合伙人的性骚扰。但她的诉讼失败了，因此不得不付给前雇主超过20万美元诉讼费。她最后引发了一场关于硅谷性别平等问题的讨论。所有丑闻中最臭名昭著的就是那些色拉布（Snapchat）男孩——这个照片共享移动应用的用户，这些人造就了限时"性短信"这个宝藏——他们传播的那些贬低女性的内容或多或少泄露到了TechCrunch。

2014年，李为了创建自己的新公司，离开了牛仔风险投资。牛仔风投是一家早期种子阶段的投资公司，致力于用技术改变人们的日常生活。这家公司对女性创业者的公司十分友好，投资过家用品垂直闪购网站（One Kings Lane）和吉尔特电子商务网站（Gilt Groupe）等，令人感到纳闷的是如此支持女性力量的公司起了这样的名字。艾琳·李接着倚在我面前的休闲桌边说，她发现自己对待女性要更加严格，因为她认为女性在这个世界中需要更坚强。

"人人都喜欢'男孩子总归是男孩子'，而且这种观念不用承担社会后果。"李抱怨说。她认为公众应该抵制那些对女性有不良对待的公司。种族隔离期间人们就是这样对待南非公司的。她说自己认识一个人就在只招男性的公司里工作，那人也想雇用女性，但他担心有才能的编程职员都不同意。

为了应对身边出现的所有这些歧视，李围绕在她们的女性主义领袖身边。桑德伯格发起过一个很著名的运动——禁止使用"独断专横"（bossy）这个词。李也是硅谷这个女性实干家集团的一员，她非常敬佩一部分女人，同时鄙视那些跟丈夫比起来黯然失色的阴柔女性。在硅谷，女人在业务上可能会把自己看作最棒的，但是在鸡尾酒派对上却不会那么确定，因为那种地方柔弱的人妻似乎更引人注目。

李对于女性是互联网购物的主要力量也是有不同见解的。大多是女性在那些成功的电子商务公司购物,像One Kings Lane 和Gilt Groupe这种。她们玩过的电子游戏也比男人多。她们认为自己是众多技术公司能够取得成功的原因所在。李曾写过一篇在TechCrunch上转发得很火爆的文章,她在帖子中谈到,女性用户带来的流量业务更多,大多数公司都是靠着女性用户获得了成功,但这些公司却并没有正确认识到女性的这一壮举。

如果你已经将女性客户设为目标用户,公司里聘用了出色的女性员工,并且正在见识着由此带来的强烈商业和社会网络效果。那么恭喜你,你现在可能正在努力寻找应对强势增长的处理方式了。不仅如此,你的办公室的空气闻起来多半也是馥郁芬芳的。女人就是社交网络中的路由器和信号增强器,而且,她们也是商业世界的火箭燃料。技术界之于女性的持续讨论一直都缺少一个关键性的洞见。如果你能搞懂怎样驾驭女性客户的力量,你就能震撼整个世界。

硅谷女性的谈话中不存在那些非技术群体关注的女性专属秘密话题。在这里男人是男人,女人也是男人。已婚妇女一般是不用丈夫姓氏的,女性之间是团结一致、相互支持的。她们已经成为统治那些技术工蜂的女王,就像桑德伯格那样。

和李一样同属于这个圈子的还有安德里森的妻子,劳拉·阿里拉加－安德里森。她也一直在斯坦福周边的地产中居住和工作。她父亲开发了斯坦福大学周边的土地。尽管她和丈夫安德里森的身家加起来已经有数十亿美元了，但阿里拉加仍然保持着她那种类型人的品位。例如，她会毫不犹豫地表达自己对于雀巢原味速溶咖啡的钟爱。

她不会拿自己的昂贵品位来吹嘘，而且会用刻意地轻描淡写来掩盖自己很富有的迹象。她唯一会努力展示的事就是忙碌，硅谷的许多人都这样。在这里自负自夸包括说自己一点闲散时间都没有，而且对于非闲暇时间所做的事富有满腔热忱，比如工作。阿里拉加－安德里森成为斯坦福大学讲授慈善事业的教授已经有近20年了，但一直到最近她才开了一门网上课程以及一个赠与网站。"我觉得慈善与技术这种整体的融合让我太为之兴奋了，难以抑制，这就是我看起来从不睡觉，一直都在喝雀巢原味速溶咖啡，还有我说话时总是大喊大叫的原因。"她这样说。

阿里拉加－安德里森现年44岁，她于2000年加入斯坦福大学教职队伍后，成为在斯坦福商学研究生院教授慈善的第一人。去年，她创办了劳拉·阿里拉加－安德里森基金。按她本人的说法，这是一个作为慈善创新实验室运营的组织，其目的是推广以提供在线资源和网络项目实现赠与的这样一种慈善形式，使这种形式的捐助渠道更通畅，从而令这种慈善形式在不同经济水平的群体中都能得到普及。随着她的专业领域逐步在线上转移，她自己也开始向互联网转移：2014年秋天，她发布了自己的大型开放式网络课程，并就这项为期六个月的在线项目与斯坦福大学开展合作，对所有人免费开放。

到目前为止，阿里拉加－安德里森一直在思考更多能鼓励人们捐助的方式，每周工作七天，都在忙于慈善。她保持着严格的日程安排，每天早上7点起床吃早餐和锻炼，然后和丈夫一起从8点半一直工作到晚上7点，因为会被晚饭打断——通常就是一顿微波炉加热餐，放在可折叠的小型电视桌上，她这样说。然后他们会"肩并肩"地再一起工作3个小时。这之后，她会从自己参加的三个读书俱乐部推荐的书目中挑一本读。她还会用自己基金会办公室里举办的舞会来点亮每一天。"运营一个组织最棒的事情之一，"她说道，"就是命令我们所有人每天跳一次舞。"

阿里拉加－安德里森也辅导过几名蒂尔学员。在硅谷所有这些女性偶像中，阿里拉加的人生是戴明最想效仿的。这个20岁的年轻人能想见自己日后成为一名斯坦福教授或者风险投资人，喝着大量的咖啡，开着特斯拉在各个当地农场转悠，寻找食物来满足自己的果食主义饮食。她喜欢她所听说的这位女性的生活。听起来特别富有魅力。

在2014年秋季期间,戴明的一位导师要去一所每面墙都没有拐角的环形房子里参加一个派对,戴明也跟着去了。房子位于门洛帕克市的山区高处。在那地方,特斯拉从停车场到派对地点之间开车上下山都会发出高速行驶时的呜呜声。这场派对会有另一名像阿里拉加－安德里森一样也开设了慕课的教授与优步的首席执行官特拉维斯·卡兰尼克一起寻欢作乐——都是全身20世纪60年代的装束。那不仅仅是个花园派对,感觉简直更像是个小世界。戴明觉得这里的每一个人好像都互相认识。她根本不知道要去认识谁,也不知道谁跟面前的人聊完会给她一些时间。

她眼前的这些人,古怪是肯定的了,而且都是打破了各种规矩,扰乱了几乎所有机构的人:有颠覆了汽车行业的,用电动汽车和共享汽车应用;有颠覆了婚姻的,用交换妻子和丈夫;有颠覆了政见的,用普遍存在的自由至上主义。戴明觉得她在这想做什么都没有任何问题。要是她的基金能有起色,甚至永生都不成问题。

第7章

追求长生不老的硅谷梦想

劳拉·戴明即将去出席2015年的福布斯女性峰会,但她还是没有决定要不要在峰会上提及她最激进的理念之一,也就是关于延长人类寿命。她明白这听起来可能会极其疯狂。她是不是应该就说说"少吃糖",她还听到一个敷衍了事的建议是让她说说已经被证实的一件事,就是不用借助药物,也不需要用容器去进行低温冻结,只需要让动物降低其体温,并且减少发炎的次数,就能延长寿命。不过,还有另一种想法。

她在研究中已经发现,当把蠕虫的生殖腺切除后,它们的寿命能延长60%。"我不会真去说让她们摘掉卵巢。"她局促地说。不过她是举棋不定的,因为证据确实就表明,切除一个人的卵巢或是睾丸能显著提高寿命。"韩国阉人能比他们同时代的人寿命长四分之一。"她这样说。那么论证呢？她猜测是因为不使用性器官会让动物体的身体认为只是暂时用不到，因此就会"不得不徘徊更久"，才能有时间找到繁殖的机会。或者她还猜测，由于动物用了如此大量的精力去追求繁殖，那么也许没有这种需要的话会让细胞放松一些。不论如何，戴明非常为之着迷。

令她如此着迷的不仅是这个发现，更是人们长久以来所持有的观念——每个人都会死——可能是错误的。对此她没指望自己这一生就能找到答案，但是她却不认为没有这种可能性。戴明从8岁起就想要"治愈"衰老。她在新西兰由父母在家教育，他们鼓励戴明自学数学。戴明还记得她父亲跟她讲数学能有多么美丽，将其描述为"复杂精细的螺旋式数字图案"，还告诉她这些图案"能够而且确实就是每天都在拯救着这个世界"。"我们的身体是如何构成一个行走的总和，一个谈话的总和，而这个总和又是由数十亿个微小的生物计算器构成的，每个计算器就是一个细胞，而每个细胞又是宇宙本身的一个缩微模型。"她这样解释道。

她父亲约翰·戴明是个投资人，给他女儿描绘出了一幅丰富多彩的科学英雄画卷，有阿基米德、伽利略，还有尼古拉·特斯拉。"我简直不能相信他们都死了，那我就永远也不能认识他们了,不能听他们说话了。"她回忆道。

然而,还有一位活着的传奇科学家是她还有机会与之交谈的。戴明跟着麻省理工的生物学家辛西娅·凯尼恩做了很久的研究工作。凯尼恩一直致力于寻找增强人类健康,延长人类寿命的方法,而且她好像也取得了进展。她通过让一个单一的基因无法正常工作,使蛔虫的寿命翻了一倍。

因此戴明11岁时,她写信给凯尼恩博士,询问自己是否能和凯尼恩见一面。一年后,戴明来到旧金山的加州大学时,她去面见了这位鼎鼎大名的科学家。凯尼恩从1986年起就任职于加州大学。她问戴明愿不愿意来她的实验室工作。劳拉异常兴奋和激动,她就要能开展真正的实验了。为了让戴明12岁就能有机会和肯尼恩一起共事,她的家人跟她一起从波士顿搬到了加利福尼亚。

"我要去摆弄激光器,要舀起成堆在显微镜下观察的虫子,要去着迷地盯着那些被修改调整过的神采奕奕的生物,看着他们在实验盘里翻滚蠕动了。"戴明记忆犹新。她学到了怎样去解读科学论文,学到了如何寻找蛋白质及其路径。"我就要感受到那种欢欣鼓舞了,就是当你发现了一些没人见过或者知道的东西,那种按进最后一片拼图的强烈满足感。"她这样形容。

在加州大学旧金山分校，戴明是个特例。毕竟，她那时只有12岁。她坐在教室里听课，认识了导师和实验室里的学生，他们帮助她读完了高级课程。但是，戴明还是想去麻省理工，以一名正式大学生的身份学习生物学。在加州大学旧金山分校，她自己给自己安排课程，还用一系列麻省理工的线上讲座来补充在学校所学的课程。

接下来一年，在戴明13岁的时候，她被麻省理工录取为生物学专业的大一新生。到那时，她仍然感到有点和周围格格不入。她跟导师一起在韦斯实验室（Weiss Lab）工作，专攻合成生物学。戴明在那里学习了量子力学和高级生物学，她最终决定要找到延长人类寿命的方法。

戴明也是带着要延长人类寿命的想法去申请蒂尔奖学金的。她想鼓励并资助自己寻求新方法，研究如何做到延长人类寿命。劳拉2011年在为申请奖学金做演讲陈述时，台下有一位听众尤其为她所说的着迷。这个人就是奥布里·德格雷，也曾接受过蒂尔的资助，他想帮助戴明。

德格雷是在几年前，也就是2007年进入蒂尔圈子的。见到这位教授时，他当时穿着破洞牛仔裤，上身的牛仔衬衫大部分都被他那足有一英尺长的胡子，还有那长长的灰头发盖住了。

那时他正坐在纽约酒店一间局促的客房里的窗台上,面朝着酒店室内了无生气的中庭。他很失望。那时候他刚刚从自己工作的剑桥大学飞过来,本来要来参加ABC电视台的《早安美国》节目,但是这档节目的制片人在最后时刻取消了德格雷的部分,因为那些制片人担心他"对于节目沉默的观众而言明显过于技术了",按德格雷所说。德格雷刚刚写了本书,名为《结束老化:那些在有生之年能扭转人类老化的返老还童突破》。他在书中发表了自己的寿命理论:大体上,有几种原因造成了我们的老化,而如若我们能一个个地摆脱这些原因,那么我们就能治愈老化。在德格雷看来,老化会比癌症更容易治愈。鉴于我们已经研究出了治疗这么多种癌症的方法,我们不会离找到抗老化的灵丹妙药太远。

以往20年里,德格雷一直在研究线粒体突变和自由基污染,想以此找到减少细胞衰退的方法。这两个都是导致老化和疾病的原因。德格雷轻抚着他的胡子,描述着自己研究项目中的三座"桥梁"。"人们现在能做的只有通过锻炼和各种长寿疗法来保持健康。通过第二座桥梁,我们将可以有基因疗法。"他已经在研究如何将基因从生物体中取出,然后将其合并,或是用其他基因将其取代,再把取出的基因重新注入血液循环系统中。按照现今的进展,新的基因经常会遭到身体排异,这是因为基因被直接注入体内,免疫系统探测到来自陌生物质就会破门而入,将其摧毁。而这"第三座桥梁",德格雷接着说,就是纳米技术。细胞大小的机器人会被设计制造出来,通过血液循环进入人体,对抗疾病。

然而到那一步之前还有很长的路要走。此时此刻,他要专注于募集投资——从硅谷。那里的人听他说那些时而听起来古怪可笑的想法时,态度更加开放。"有点前卫了,有些争议",他自己也承认。募集投资遭遇的一个问题是人们都采用一种恨不得回报近在咫尺的退出策略去投资,而这个领域的研究很大程度上只可能获得长期回报。"另一个问题是那些家伙担心自己打高尔夫球时会被取笑,"德格雷说着补了个微笑,"哪怕是在亿万富翁的群体中也有从众心理。"他取得过最主要的意外成功就是从蒂尔那里争取到了350万美元捐助,用于研究通过治愈老化实现延长人类寿命。"这个世纪中,生物学领域所取得的快速而长足的进步预示着一座探索发现的宝藏,包括显著改善人类健康,以及延长所有人的寿命,"蒂尔接着说,"我正在资助德格雷博士,因为我相信他研究抗老化的革命性方法将会加速探索发现的进程,从而让众多今天活着的人彻彻底底享有更长,也更健康的生命。"

蒂尔用了一年时间决定要不要资助德格雷,最终他在2007

年下了这个决心,原因是听到德格雷说:"我有足够的实力突破重围,所以我不会为学术界所动摇,但我有资历和资格待在剑桥等等地方。"这位教授表示,蒂尔把他引荐给旧金山的投资人对他来说意义重大。"彼得是个有远见卓识的人,"他这样说,"而旧金山就是富有远见的亿万富翁所聚集的中心。"在旧金山,德格雷聘请了一位名为艾莉森·田口玄一的活动策划人,负责组织晚餐派对和演讲,以此为他的研究筹款。

德格雷认为他的说服力取决于概念验证,于是他计划用"小鼠健壮返老还童"来演示和证明,并希望为此募集到数十亿美元的资助。要开展小鼠返老还童这项研究工作,他会用到500名科学家,研究一种长寿的小鼠(寿命有三年),要等到这些小鼠长到两岁,然后利用干细胞疗法、基因疗法、纳米技术等手段,尝试将他们的生命延长至第五个"生日"。"这个如果能实现,"他断定说,"科学界就会深信不疑了。"

德格雷自己已经十分笃信了。然而,他也承认现阶段没有任何方法能延长寿命,"只要你不抽烟,不肥胖",他希冀着那些健壮的小鼠能够证明,你活得越久,就越有可能活到他的治疗方法能用于人类的那一天。德格雷把人的身体和汽车做了比较。"如果你去保养一辆旧车,那肯定是有用的。"他这样说。这是个各公司的高管都能明白的道理:据德格雷说,亚马逊的老板杰夫·贝佐斯已经对他的研究表示出了兴趣；还有从前的垃圾债券大王迈克尔·米尔肯，他是位前列腺癌幸存者，后来成立了前列腺癌症基金会。

到戴明也参与到为人类长寿所做的一系列努力中的时候，对于永生的追求，或者说至少是对于获得格外长寿的追求，在硅谷已经成为一个流行话题。硅谷的企业家们就像对付其他问题一样，也想解决生死问题。已经有许多种方法都被测试过了，比如在阿尔科生命延续基金会被冷冻起来，例如兰顿实验室的托德·霍夫曼就打算这么做。

毕竟这不是个新概念了。几十年以来，亿万富翁们一直都希望自己能永生，比如霍华德·休斯，以及爱德华·索普，就是1962年的畅销书《击败庄家：21点的有利策略》的作者。

再回到2007年。大约在奥布里·德格雷博士努力在技术界募集投资的同一时间，爱德华·索普正坐在他位于加利福尼亚州新港海滩上的宽敞办公室里，打开他那半透明的橘红色药瓶，就在那时他的手机响了。"告诉我你的名字和电话！"他命令道，然后怒气冲冲地说，"我可以跟你保证，我绝不会买本田！"说这话的同时，手中药瓶里撒出大约有20粒大药丸和更多的白色小药片，满桌子都是。

挂断电话之后,索普俯身去打扫这些零星散落的药片,然后拣了一片拿起来问:"想不想试试?"他拿的这片比别的都大,这是他从佛罗里达州劳德代尔堡的生命延续基金会订购的"延续生命"的鸡尾酒组合药物。他弄到了这个基金会宣传册、通讯简报和订单表的复印件,堆成一堆放在窗台的显眼位置,望着附近一个广场上方晴朗的天。介绍材料里面的文章写着近期研究发现的那些常见营养补充品的长寿益处,包括Ω-3脂肪酸、白藜芦醇(在红酒中发现)、葡萄籽提取物,还有一些不常见的,像鹿茸、处理过的猫爪、鲨鱼软骨。材料里还有关于首创的生命延续巡航广告,从迈阿密乘坐挪威太阳号邮轮去国外。在索普的药瓶里,尽管都是这家公司制作的用来延续生命的混合药片和婴儿阿司匹林,但是却能够"减少发炎"。

近年来,计算机科学的先锋已经越来越关注他们自身的寿命。尽管他们的营养补充品和运动养生法已经能使他们看起来至少比实际年龄年轻十岁,生着古铜色的光滑皮肤,带着温和的露齿微笑,但是索普并没有把自己的未来系于药物上。他是阿尔科的成员之一,那是一家实践人体冷冻法的基金会。索普不想死,于是只能冷冻——或者不如说是玻璃化转变——保存后再等上几百年,或者至少等到有人研究出让他"复活"的技术。

这一切都是从他读了一本名为《不朽的前景》的书开始

的。这本书最早出版于1962年,作者是一位叫作罗伯特·埃廷格的科幻小说作家,书的内容是关于冷冻之后又复活。埃廷格后来还建立了自己的人体冷冻机构,时至今日还在芝加哥运营着。"这种可能性在我看来完全说得通",索普说着眯起眼睛,做了个干呕的表情(他又吞下去一片菱形的长寿药)。接着他一边环顾四周,想找特别准备的那些冰凉薄荷糖,从中挑一颗以防自己吞咽困难,其实他手里已经攥着一颗了,一边讲述他如何找地方为自己做低温冷冻保存。埃廷格建立的人体冷冻国际公司的冷冻成本低,一个人只收2.8万美元,而他最后看中的是全美国最大的人体冷冻实验室——阿尔科生命延续基金会。让他动心的是名人堂成员、波士顿红袜队的棒球传奇人物泰德·威廉斯也委托了这家实验室,在其2002年去世时在这里为自己的身体做了低温冷冻处理,享年83岁。"我有一次在波士顿见过他,那是他生命的最后阶段了",索普怀念地说着,嘴里还吮含着那块薄荷糖。"我能看出来他跟当时他周围的所有人都不同。或许有一天我还能看见他击球。"

虽然威廉斯只选择了冷冻他的脑部,但阿尔科也可以提供全身冷冻业务,标价12万美元。这家机构现在位于亚利桑那州的斯科茨代尔市,成立于1972年,当时名为阿尔科固态低温学会,是位于加利福尼亚州的一家非营利机构。1967年,阿尔科实施了第一例低温冷冻处理（机构的工作人员还是对"冷冻"一词有所介意，他们解释说，这是因为严格来讲他们的技术不是把人冷冻起来，而是在零下120摄氏度的温度环境下使其"暂停"，或者称为玻璃化），而到1990年，机构成员已经增长到300人。几年后，阿尔科搬到了亚利桑那州。加利福尼亚的地震风险明显太高了，但索普说，搬家和政府在涉及冷冻权方面的官僚作风有很大关系。现今，阿尔科有800多名仍然在世的会员，还有76人冷冻保存在大保温瓶里，官方称之为大脚（Bigfoot）的杜瓦容器。索普相信这家机构"过不了多久就会来到人们身边"。这一点是很重要的考量，因为他可是计划要在这里暂停上200至300年。他选择了冷冻全身，因为尽管其他人都认为身体最终能通过从大脑中取出的DNA克隆出来，"但你全身携带的记忆比脑子里的还要多。适应一个新的身体会感觉很古怪。"他这么说。

阿尔科的策略有赖于这样一个概念，就是身体不会在宣告"法律上死亡"后立刻死去。他们的想法是在心脏停止跳动之后十分钟内，大脑仍然是有体温的，并且仍然在工作，也就是说身体组织器官几乎不会受到什么损伤。阿尔科的暂停小组就是利用这段时间立刻冲进来，开始对身体进行快速冷却，并运输到阿尔科的保温瓶里。托德·霍夫曼身上的文身就是操作指南，描述了这个过程如何操作。从有利于保存的角度来说，小组到达现场的速度越快越好。

因此，当索普感到他正一步步接近死亡时，他会通知阿尔科的暂停小队，让他们在自己死去之前随时待命。然而阿尔科则会建议他们的会员，提前搬进斯科茨代尔市内与他们建立了合作关系的临终关怀机构。不过不论任何情况，阿尔科的工作人员都会在索普行将就木的关键时刻一天24小时守着他。当他心跳停止时，他们会立马冲进去（假设索普是在一家允许身体冷冻主义者进行干预的医院里），然后把他放进一个冰水浴盆里，再用心肺复苏器，也就是卢卡斯胸外按压装置或是心肺辅助"萨搏"，手动恢复他的循环和呼吸系统。

接下来他们会把一个静脉注射管连上索普的身体，并开始注射自由基抑制剂、抗凝血剂、pH提取液、麻醉剂以及其他药物，以此维持他的血压。一旦他的体温降至比水的冰点高几度时，他们就会排清索普的血液，然后用一种"器官保存溶液"取而代之，或者称之为身体冷冻液，因为血液在低温下容易结晶。

"就像鸡肉一样，"索普一边说，一边坐在椅子里来回转圈，做出两腿伸直的姿势，"要是鸡肉里有冰碴，就跟从来没冷冻过的味道不一样了。"阿尔科过去使用的旧技术是将患者冷冻起来，这样会破坏细胞壁。现在这个团队有了能将细胞结构保持得更好的解决方法。"有句老话叫汉堡变不回牛。而现在就不再是汉堡了。"索普这样解释。从排出血液到注入冷冻液这个转变过程需要用几个小时,所以阿尔科才建议会员要在他们机构附近。等到这个"冷冻灌流"过程结束后,索普的身体会被氮气风机冷却下来,这是为了防止结冰。接下来的两周时间,他会被进一步冷却至零下196摄氏度(地球上有记载的最低温度是零下129摄氏度,那是在1983年的南极洲)。到了这个温度,他就可以被放进注满液态氮的杜瓦容器中了,接下来几个世纪时间——或是不论多久,就到新一代阿尔科员工想出如何再次唤醒他的时候,他都会在里面保持这个体温。

索普想过许多种他最终被复活时的情形。他也已经在信托公司存好大笔的美元了(具体数目他不肯说,但最近一次存了有5000万美元),而信托公司会在今后收取这笔钱产生的利息,用来资助唤醒和复活他所需的科学研究。相比之下,他不太担心唤醒身体这部分,而是更担心唤醒精神这方面——因为他设想到那时候,只需要去到一家血液银行就能够得到新鲜血液了,而且科学家也将能够克隆身体的任意部分了,这样他在容器中这些年就算身体有什么部位损坏了也无妨。

"谁又知道那时候世界会是什么样呢?"他疑惑着大声说,"可能你苏醒过来时,使用的语言已经不同了。"他摇着头,补充说道:"不过这些事都不大可能。我只是总会想一些极端状况,这就是投资领域的职业病。"虽然索普认为他能复活的概率只有5%,但这已经是比几年前的2%上升了,也就是在那时候他听说了关于纳米技术的新研究。再加上,他还动员了家人和朋友,陪他一起加入这个漫长的旅程。"一群人一起去为同一件事努力是再好不过了。"他说道。

戴明对于阿尔科延续生命的能力是持怀疑态度的。"问题是比起其科学性本身,我对这种生存业务的诚信度要更加担心得多。"她说道。然而,劳拉也认为目前有证据表明对于人体的某些部分,这么做是行得通的。她解释说:"人身体的有些部分是能够保存的。"所以她相信被冷冻之后死而复生这事不太可能,但也"并非完全不可行"。她倒觉得可能性稍大一些的结果是这项业务会在我们所有人死后一直存在,而那些尸体最后又自然解冻。"这才是最令我感到不安的,比所有科学方面的问题都更加不安。"

这种推论激发了硅谷的其他人,比如蒂尔以及谷歌的拉里·佩奇和谢尔盖·布林。他们连同西恩·帕克,还有Facebook、易趣、网景的高管,要投入大量资金搞生物医学研究,很大程度上是为了活得更久一点。谷歌甚至聘请了未来学家雷·库兹威尔来做工程总监。他在谷歌的工作是利用技术增强人的能力。他相信自己能永生。

有些人把身体看作和一台高级计算机差不多的东西，认为身体也能够通过重新编程而得以增强。正如计算机已经大有改进，那么生物技术和生物医学也能如此。纳米机器人革命可能就要来临了。基因疗法和大脑新皮层的重新编程都是生命延续能够实现的种种方式。至于是哪一种，或许要买张彩票了。可是只要猜中了，回报可要比金钱优厚得多。再说那些人已经不缺钱了。

就在戴明一直在努力为她的长寿基金募集投资时，这个领域也正变得越来越热闹。2013年，拉里·佩奇成立了卡里可实验室（Calico Labs），致力于抗老化研究。一年后，卡里可成功游说戴明的导师辛西娅·凯尼恩离开了加州大学旧金山分校，加入了这间实验室。谷歌为其投资高达7.5亿美元，而这家实验室也被视为旨在治愈死亡的一家健康领域初创风险投资公司。公司的目标是找到并利用动物的生命延续能力。

"有一些物种它们就是天生活得长"，戴明边说边描述着有机体能利用各种方式探测出身体面临的威胁，正如它们有多种方式探测出可能导致其寿命缩短的事物。她要做的就是专注于找出其中一些探测方式。她一直和早期的导师保持着联系，但现在她要找的是小公司了，这样她可以发挥更大的影响力。戴明还是始终对她的科学领域充满兴趣，这位年轻的女士每周有几天会在实验室工作，基因重组的过程令她十分着迷。不过，那种兴趣却很难解释给投资人听。"生物学有个大难题，就是没办法富有逻辑地谈论事物，"她说道，募集资金的进展很慢。"启动一支基金真的是非常、非常、非常艰难，"戴明说，"比我预计的要难太多了。你必须要说服对此非常怀疑的人，让他们把钱拿出来给你投资。"在她看来这是个着实很艰难的销售工作，因为所追求的结果太遥遥无期了。戴明说她花了两年时间，就为想清楚要如何与人交谈。

首先要向准投资人解释下设的这些公司都做什么这个问题就很难。一个公司做的是对药物进行简单修改，改良后的新型药物就更容易获得批准和使用。另一个公司的主业与基因编辑相关，也就是去除某段基因，然后再嵌入新的基因以替代移除的部分。然而，这项技术距离商业化应用还有漫漫长路要走，因为一旦基因放错了位置就有可能引发癌症，甚至导致更可怕的后果。不过有了这项技术，基因编辑就非常有的放矢了，也就能实现安全利用。戴明正在与众位导师共同寻找最安全可靠的基因编辑方法。她每天的工作事项都是面见各位创始人，试图找到适合投资的公司，还有就是询问她的投资人愿不愿意为那些公司投资。在这个过程中,她还必须把工作中的专业术语翻译得通俗易懂。

戴明也拿不准她的那些投资人是否对生物学跟她具有一样热忱。大多数人只是想听一听有关神药和寿命延长这种事。因此,她就从这类内容开始讲起。

现在有两种振奋人心的药物,分别是二甲双胍,也就是治疗2型糖尿病的处方药,以及免疫抑制剂雷帕霉素。这两种药物已经被证实具有延长小鼠寿命的副作用。她认为只要能够做到最小化或者消除那些令人感到相当不适的副作用,比如长期的恶心、颤抖和眩晕,那么这两种药物就能在长寿领域引起关注。把他们蒸馏处理就能提取出人人都想得到的神药。这种药物具备十年内就能为公众所用的潜力,而且还可能治愈老化。戴明认为,一片药可能最终就能使人多活二三十年,而且还能让六七十岁年纪的人感觉自己只有三十岁。

2015年夏季,美国食品药品监督管理局批准了一项试验,允许研究二甲双胍是否存在抗老化的可能性。此后五年之内,就会有研究去探索这种药物在人体中是否能够产生与在小鼠体内相同的效果。实验会找3000名生命已经受到致命性疾病威胁的受试者,给他们服用这种药物。

戴明和其他科学家还不知道这种药物是否只会使人处在衰

老状态的时间变得更长——会给诸如健康护理体系、劳动力市场和养老金体系都带来问题,还是会让人以更健康的状态活得更久。科学家正在尝试的是确保他们延长的是"健康寿命",而不只是寿命。年龄增长或许并不一定意味着健康状况下降,有可能还表示健康的身体状态能够延续更长的时间,又或许,这只需要一片药就能实现。

理想情况下,神药里会有一片是发挥热量限制作用的,这至少是一种已经证实的延长动物寿命的有效方法。不过要保持年轻还是有其他方法的。戴明目前正在研究一家声称能够从身体中探测出衰老细胞的公司。科学家们正在那家公司中用小鼠开展测试。他们给老年小鼠注射了年轻小鼠的血液,劳拉也承认这听起来很血腥,不过奏效了。

戴明的投资人当中有一位是尹俊博士,他拥有一家名为帕罗奥多投资者的私募股权公司,并通过这家公司以风险投资者的身份投资医疗保健类公司。他也对此十分感兴趣,于是决定设立一个生物学奖项,就类似于俄罗斯投资人尤里·米尔纳设立的"突破奖",为获奖的那位创业科学家提供100万美元,用于"黑进生命代码",从而发现更多可能的方式来延缓衰老进程。比如2003年,基因学家克莱格·文特尔首次排序出人类基因组,还有企业家彼得·戴曼迪斯创立了X奖基金会,投资重心转向延长寿命。尹博士认为人的寿命没有上限。

甲骨文的创始人、亿万富翁拉里·埃里森也支持了抗老化研究，如果不能长生不死，他试图至少找到延长健康寿命的各种方法。与此同时，谷歌正在研究"可摄取技术"：让装满氧化铁纳米颗粒的胶囊进入人体的血液循环，然后找到癌症的肿瘤细胞，以此能够对许多种癌症进行早期检测。另一家名为普洛透斯数字健康的公司则正在开发一种传感器药片，可以将其在人体内发现的信息传送到个人智能手机上。同时，戴曼迪斯的基金会还在研究一种设备，能够通过血压下降发现糖尿病、结核病和异常血压，而且可以在家中使用。

戴明进入了大人物的圈子，这些人的新关注点全都变成和她一样了。她发现全硅谷各种这类会议都找她去发言。她还被左一个右一个地授予各种奖项，绝大部分原因是她了解这门科学，而且研究的是这么多人做梦都想得到的神药。

第 8 章

技术极客的新闻头条

劳拉·戴明已经在追求长生不老方面成为硅谷的宠儿了。看起来她离做出神药已经很接近了,这十分有力地拉动了她的事业,这使得她与其他悄无声息回到大学(戴明那级有三个人复学)的学员,还有放弃创业的学员比起来,在硅谷各种场合出现的频率在不断增加。

"太年轻因而不败",《麻省理工技术评论》杂志在戴明加入蒂尔奖学金一年后以此为标题讲述了她的故事。但从内心来讲,劳拉并不确定这一切都是不是真的。媒体报道她的方式就好像她已经取得成功了,但仍然给人感觉她没什么可拿出来展示的。报道她的文章一篇接着一篇,《快公司》、《时代周刊》、TechCrunch博客都把她称为神童。这位年轻的女士接受了设计造型、培训、采访和特别报道。她被邀请到会议上发言，与这个领域的专家并肩而坐，毕竟她可是个鲜活可见的传奇。坐在一群穿着白大褂、银发苍苍的科学家中间的，就是这位光彩夺目、充满热忱的雌狐了——放在一位生物学家身上实在是种矛盾的修饰。

"硅谷这点好，就是虽然人们也会对年轻人持怀疑态度，但他们其实并不知道你不够聪明，或是不够有才能胜任一项工作。"她对《技术评论》杂志这样说。如果说对商业洞察力没有的话，她至少对自己的科研智慧是有信心的。不过那种感觉挺奇怪的，驾驭一波波的公共宣传浪潮，而同时也挣扎着撑下去，让自己不要在这浪潮中沉沦下去。随着戴明席卷了各种技术新闻，关于她的公司估值达10亿美元的报道接二连三，她好奇以前有没有发生过更大规模的类似事件。生物技术公司Theranos就曾承诺能够用造价低廉的针孔代替采血的试剂瓶进行血液检测，这使这家公司价值数十亿美元——然而该设备最终被证实为无效。尽管戴明也试图取悦那些生物技术领域的投资人，但她注意到Theranos吸引到的都是没什么科研背景的投资方。他们之前只是普通企业或是社交媒体领域的技术公司。她好奇是不是正因为如此，他们才没有意识到Theranos的真实能力，或者是没有认识到他们的能力缺失。

这些个公司估值意义何在？看起来好像硅谷的许多宣传报道都是出自一小撮人之手。这些人就是硅谷人际关系网的组成部分，戴明开始留意到他们的存在了。在硅谷以外，纸质新闻实际就是种不合时宜的存在，而硅谷的新闻都是从技术平台上发布的，比如博客和TechCrunch，以及最新的是前《华尔街日报》作者杰西卡·莱辛创办的技术新闻网站"信息网"（The Information）。还有就是科技博客"万事D"（AllThingsD），这也是由《华尔街日报》记者卡拉·施威谢和沃尔特·莫斯伯格合作创立的，不过已经从内部分裂了。花边新闻都是源于内部消息的，而这些公司又总会有一些动作和花边传闻不谋而合。

每年的TechCrunch大会就是蒂尔发表原始声明，力劝学生从大学辍学的地方。由前企业家迈克尔·阿灵顿创立的TechCrunch博客已经不止是一个新闻平台了，它已经成了公司创始人发布业务信息的一个数据库，也是发展状态的一种标记，列出了估值、合作关系、融资轮等信息。然后还有科技博客"潘多日报"（PandoDaily）和黑客新闻网站"骇客新闻"（Hacker News），都属于内行写给内行的新闻资讯，往往是有关软件工程问题的。对于众多这类公司来说，始终萦绕他们的就是用人问题。好的产品设计师太难得了，而且像Facebook、谷歌、苹果这种大公司都为其提供十分丰厚的薪酬包。

还有些是八卦类的网站,例如"硅谷闲话网"(Valleywag),其存在差不多就是为了嘲弄那些富有的技术高管。硅谷闲话在2007年爆出了蒂尔是同性恋的新闻。到2016年1月,这个网站关闭了,一部分归功于职业摔跤手胡克·霍根发起的诉讼,而令全世界都大吃一惊的是,资助他打赢这场官司的不是别人,正是蒂尔。自从硅谷闲话报新闻攻击他之后,蒂尔就退出了硅谷闲话的母公司高客传媒(Gawker Media)。所以后来霍根(本名叫泰瑞·博利)指控高客把他和朋友妻子的性爱视频擅自发布到互联网上时,蒂尔匿名捐助了超过1000万美元帮他打官司,所以后来法律专家和高客的创始人尼克·丹顿都纳闷,博利为什么多次拒绝和解,哪怕和解条件高达800万,甚至是1000万美元?三月份时,佛罗里达的陪审团奖励了他1.4亿美元损害赔偿。

最终,《纽约时报》的专栏作家安德鲁·罗斯·索尔金收到了一条线报,说蒂尔就是丹顿案件背后的神秘金主。最后在2016年5月,蒂尔承认了,他表示这不是报复,只不过是阻止高客再去攻击其他人。一个月后,高客申请了破产,这也引发了一波恐惧,担忧亿万富翁看到负面报道后会把整个媒体机构连根除掉。也有其他人一直认为蒂尔是个英雄,他敢于站出来反抗一家众多媒体报道内容都不合法的公司。

在这次突如其来的惨败之前，硅谷闲话一直都对利用这种手段带来的利润垂涎三尺。网站那些作者曾大肆散播前凯鹏华盈合伙人鲍康如正对其公司提起诉讼的新闻，相应的合作关系也随之破裂。接着，在鲍康如被提名红迪网的临时首席执行官时，硅谷闲话又搜集了众多公司员工对他的投诉，然后发布出来，不管这样做有多么愚蠢又缺乏同情心。

硅谷的媒体公司凡是能长久经营的都是与技术公司保持更为"协同性"关系的公司，就比如TechCrunch，都已经参与到初创经济当中了。阿灵顿的考虑是，他创办的这个网站也是一家初创公司，而非东海岸那种覆盖一个行业的独立产业。

而the Information的莱辛也认为，她的网站是一家初创公司。她嫁给了山姆·莱辛，也就是云存储公司Drop.io的创始人，并且搬到了旧金山与丈夫同住。在湾区，她意识到那里缺乏一家真正的媒体。所有的主流电视台确实都在湾区设有办事处，但是除了与众多主流风险资本公司都有直接合作的TechCrunch以外，那里还缺少一个以技术为焦点的权威媒体。因此，她创办了服务订阅形式的深度科技新闻媒体the Information，一年的运营成本仅为400美元。莱辛认为，会有小众读者有这种需求，被这类深度调查类新闻报道所吸引。

硅谷地区的传媒领域依旧是与东海岸不同的。莱辛自

2003年从耶鲁毕业后，就一直在东海岸做科技新闻报道。在硅谷，不存在媒体聚集场所，也没有记者圈子。许多新闻记者就直接在电池俱乐部（the Battery）闲逛，那是旧金山市中心新开的一家社交俱乐部，是这个城市里最像私人俱乐部的地方了，就像位于曼哈顿肉类加工区那家英国舶来的苏荷馆（Soho House）。在the Battery，记者们混在风险资本家中间，有种巧妙营造出来的会员制气氛。

2013年末时，the Battery开张时声势十分浩大。以旧金山本地艺术家的风格为特色的装置艺术给了这个地方很像回事的起步优势。《纽约时报》刊登一篇文章将其描述为，"融合了霍格沃兹、维多利亚的秘密、关塔那摩湾、莉莉丝音乐节和机动车管理局等多种风格"。高高的天花板和墙上挂着的动物头颅，再配上色彩明媚的当代艺术绘画，看起来就像是建在东德地区的一个专门用于开谷仓派对的地方。不过，来这里的人看起来可不像去私人俱乐部那般惬意而时髦；他们看着都是一副从来不出宿舍的样子。还是那句话，这地方以前是个大理石切割加工厂，是硅谷特有的一种新的时髦：极客的时髦。俱乐部里有个能同时容纳20个人的热水按摩浴缸，5个吧台，一间私密的雪茄房，以及一套宽敞的阁楼套房。

俱乐部是两位企业家夫妇经营的，名叫迈克尔·波奇和西奥琪·波奇，他们创建了社交网络网站贝博网（Bebo）。这家俱乐部是参考伦敦的社交俱乐部而建的。2008年，波奇夫妇以8.5亿美元的价格把他们的公司出售给了美国在线公司，而在五年后，两人又以100万的价格把公司买了回来。

在旧金山开一家伦敦风格的俱乐部是个风险性试验。他们不只是想面向技术人士，看起来他们追求的仿佛是让每一个去那里的人都融入技术气氛之中，成为其中的一员。这里是个远离家乡的家园，相当于一家装修更精致的星巴克，提供的是精心栽培的羽衣甘蓝而不是摩卡奇诺。最近一次去时，这家俱乐部里云集了许多风险投资人和科技记者。平常在这里举办派对的都是媒体类公司或是文化类组织，比如旧金山电影学会和《金融时报》。这里时时刻刻都传闻缭绕。

在旧金山，制造传闻就等于是新媒体。毕竟，这看起来是如此轻而易举。你完全可以"入侵传媒业"，就和入侵其他任何系统是一样的。Facebook已经开了这个头，让每个人一天到晚、每时每刻都能制造他们自己的传闻八卦，基本上就是写下自己的个人资料，还能一直更新，不断地美化。经过这些努力，最后就造就了引发话题传闻的那些蜂后。有些女人甚至把自己封为硅谷重要社交场合的女前辈。这些人扮演的角色非常像好莱坞那些宣传人员，总是在采访的前前后后跑来跑去地照顾演员，只不过硅谷的这类女性做的还不止这些。她们帮硅谷的极客们社交，负责牵线搭桥。在一个除了普通再没有其他社交准则的地方，社交辅导员要同时担当许多职责，既是宣传人员，又是社交网络用户，还是保姆。

玛西·西蒙就是一位这样的女性。她身材娇小，留着浅金色长发，小麦色皮肤，穿着大展其曼妙曲线的紧身衣服。玛西从小在新泽西长大，操着乡音里那种长长的鼻化音。西蒙对她的成长经历聊得不多。她是读广播新闻学专业出身的，后来开始给通用电器和微软等这类公司出品软广告视频。因为受到比尔·盖茨的激励，她又加入了盖茨公司的公共关系团队，某种程度上逐渐成了盖茨的"私人助理"：陪同出席会议，传播盖茨的慈善讲话，塑造盖茨的公众形象。西蒙嫁给了一个房地产开发商，两人也有了孩子，后来她离婚以后，就开始为一系列成功的技术高管工作了。她一开始为盖茨工作，后来又为前谷歌首席执行官埃里克·施密特工作。

西蒙的名气源于她能把人弄到享有盛誉的活动上，比方说瑞士达沃斯举办的世界经济论坛。她还参与组织了一系列其他各类会议，比如在爱尔兰都柏林举办的创始人网络论坛，还协助众多主办方和组委会策划过设计类的会议，像在德国慕尼黑举办的数字生活设计大会。在当下，各种会议可以说为硅谷这些创始人发挥了完美的中介作用，对成名公司和试图推销创业公司的人来说都是如此，因为他们可以通过会议传播自己公司的新闻，这样就不必依赖不大可能直接帮他们发布消息的记者了。

玛西帮一家公司提升认同度的方法就是在新闻中提及这家公司，同时把这家公司的高管在短时间内集中包装到各种场合。她已经为众多寻求出路的硅谷企业家扮演过爱操心的管家婆角色，从"吐露心声"（Confide，私密通信应用）首席执行官霍华德·勒尔曼到"美尔吃"（Munchery，私厨特色菜预定平台）的首席执行官特里·陈。她就像是颠倒了性别的好莱坞经纪人，会跟热情又有抱负的年轻演员说："我要把你变成明星！"她在纽约和加利福尼亚都做着同样的工作，就是帮助软件工程师找到合适的人，再把工程师的初创公司找到这些人的面前。她在推特用户定位中描述自己是"扳不倒的金发女郎"，西蒙会代表客户推销他们的公司，甚至会代表客户去游说立法者。她包装宣传了优步，而且早就认识优步的首席执行官特拉维斯·卡兰尼克，为他的发展战略提过建议。

西蒙最留恋的一个好地方就是西南偏南大会，那里现在已经成了创业圈的圣丹斯电影节了。成名的硅谷高管到那里寻找新公司，而新成立的初创公司则在那里寻求做大的机会。官方的大会是在得克萨斯州奥斯汀市中心的希尔顿酒店内举行,但所有的人员和公司接洽都发生在城中最高级的两家酒店里:四季酒店和德里斯基尔酒店。2012年,西蒙就在四季酒店楼下的酒吧里主持晚宴,这个酒店俨然成了好莱坞和硅谷的热点地图。

出席活动的都是软件工程师领域的权贵,这些人分为两个阵营:书呆子阵营和兄弟会阵营。书呆子阵营凭借他们天生的书呆子气欣然自处,戴着厚底圆镜片眼镜,穿着印有隐约意指编码的宽松T恤,包住他们那要么干瘦要么发福的身材。兄弟会阵营则是开窍了的书呆子。

西南偏南大会上有太多来自硅谷的人头攒动了,因此上流梯队的造访者几乎用不着去参加剩下的节庆活动。就在史蒂夫·宾及其员工从大厅穿过时,西蒙正在安排苹果高管与开发员的会面。Backplane(背板公司)的首席执行官马特·米科尔森及其妻子珍妮,也就是Gunnar Optiks公司(光学眼镜品牌)的创始人,正准备和Lady Gaga的前经纪人特洛伊·卡特,以及贾斯汀·比伯的经纪人史库特·布劳恩一起筹办一场黑客马拉松活动。流行喜剧网站幽默大学(College-Humor)的创办者约什·艾布拉姆森正在赶超Facebook的早期员工,那些人现在已经成了业界名流。西蒙和塞莱斯汀·约翰逊一起代表埃里克·施密特的风险投资公司Innovation Endeavor来出席活动。该公司赞助了一所"创业大宅",创业者目前在这所大宅中运营着22家投资组合公司。这些人本周都会在这里参加头脑风暴,集思广益。

玛西环顾了一圈房间,想看看能去找谁做自我介绍——屋里的人都在忙着到西南偏南大会上促成交易。"我们正在创造一个场所,就是大家梦想中那种能够促进创新的环境,能培养创新社群。"约翰逊解释着。她所指的据点是开发者大宅,由帕罗奥多市的一家公司为软件工程师提供的住处,让他们聚在一起思考创意。"我听说品趣志的创始人就是在开发者大宅里认识的。"她自信地说。

约翰逊和她在Innovation Endeavors的几位合作人还与洛杉矶的好几家经纪公司开展了合作,聘请演员来和初创公司合作,以此来搞推广活动。"洛杉矶的经纪公司眼下正瞄准初创公司,因为现在真正有钱的是初创公司而不是名人。"约翰逊是这么说的。现在的趋势是把名人和技术产品发布搭在一起,创造出病毒式的宣传。奢享汽车应用优步就正在和好莱坞演员阿什顿·库彻谈合作,要找他代言下一期的推广活动。

优步的特拉维斯·卡兰尼克走过酒店大厅,这时候西蒙把他叫住了。西蒙决定也要尝试给卡兰尼克做咨询,因为现在这类咨询服务越来越流行。不远处,两名坐在沙发上的苹果高管正在跟卡兰尼克说他公司的商标太男性化了。

不过卡兰尼克并不想给商标里的字母U加上任何的花体装饰，从而达到女性化效果，所以他对苹果的高管说，还是会坚持用他这个男性化的下面一边朝上的马蹄铁样式。就在2012年，这位首席执行官还得跟人解释说优步是个iPhone应用呢，能让你按下按钮就能叫到一辆市内的共享汽车，还能从实时地图上看着这辆车朝你的方位开过来。

卡兰尼克属于兄弟会阵营的软件工程师，他穿着名牌牛仔裤，米色POLO衫，还戴着一顶牛仔帽。优步在奥斯汀市开设优步三轮车业务已经有两年了，今年他们要做烧烤配送业务，优步在iPhone应用的共享汽车的地图界面上增加了牛的图标。按卡兰尼克的解释就是："如果你饿了，就按一下这个牛的图标，然后就可以哗的一下，给我送烧烤来！"

从两项业务来看，优步正在扩张。一是可以叫优步吃烧烤（由Iron Works烧烤餐厅负责供应）；二是浏览优步最新推出的网站——包含逗趣优步栏目（Uber from Last Night，逗趣短信网站Texts from Last Night的一个衍生名称）。几年之后，优步已经扩张到海外。优步的问题也不是宣传问题，而是政策问题。西蒙的公关策略也能帮客户解决这个问题。

西蒙以前经常为创始人基金提供咨询服务，但是创始人基金现在已经都变成另一种类型的会展策划公司了。苏珊·麦克塔维什·贝斯特就跟西蒙正好相反。她不会在全球飞来飞去参加各种活动，而是把一大群人请到她的两个住处来。贝斯特走的是波西米亚风。她的祖先是苏格兰人，所以她一直还是用格子花呢来装饰房子。贝斯特说自己的生活方式是属于大师型的，她给年轻的公司创始人办派对，再把媒体也一起请来。她会自制招牌鸡尾酒，放在带有可爱小标签的宽口玻璃瓶里，再用彩色粉笔在黑板上写下晚餐菜品。代蛋食品公司汉普顿溪是一家"食品技术公司"，他们设计制造了用天然植物食品代替蛋黄酱和鸡蛋。为了给这家公司做宣传，贝斯特邀请了她的媒体朋友和硅谷的朋友，还安排了感恩而死乐队（Grateful Dead）的作词人约翰·佩里·巴洛做了个简短的演出，倾尽全力就为了营造出过去那种脑子不正常的嬉皮士社区特色。东西海岸的年轻创始人都是她栽培的对象，她承诺让他们去一些很牛的场合。贝斯特很了解独立乐队和初创公司，是个行家，她会把这两个群体结合起来，用的是记者、投资人和成名企业家，以此给基本上没什么优势特色的行业制造出一点特色。

反硅谷的培养策略给了贝斯特全权的自由，不用穿帽衫。她身穿裙子和紧身皮裤，戴着低胸项链，还涂着大红色的唇膏。除了创始人基金以外，贝斯特的身份还代表着两家网站，一个是Lulu交友网站,是个让女性和男人约会后能发表评论的约会网站;再有一个就是社群评分公司Klout网站,评估人们的社交媒体影响力。不过最近,贝斯特摇身一变成了即兴技术咖宴会女王,与此同时她还成立了自己的公司,叫"活着的麦克塔维什"（Living MacTavish）,并表示这个网站的支出来源是自己公共关系公司的收益。

在东海岸,贝斯特也会这么做,与娱乐圈人士建立起人脉。不过在那里,至少是由她号召到一起的媒体群体认识到一个问题:技术正在扯他们的后腿,正在把这个产业从他们手中夺走。技术已经丢下传媒行业自己跑了,还超越了媒体。博客空间、社交媒体网络、推特,这些都在取代纸媒,但这些技术太广泛了,他们根本掌握不了。不管是拼人才还是拼粉丝,都再也算不上精英的模式了。现在最能制造话题和讨论的是那些拥有最强大技术吸引力的人。

劳拉·戴明的名字当然是自带话题性,但这也带给她不安。她为人们臆造出的那些维基百科页面感到很不舒服（她听说有人冒充维基百科作者去篡改条目,但准确来说这些人只是发布新闻的人）。有人需要事实吗?博客空间可以完全脱离真实的新闻,绯闻充斥着人们的谈话,甚至是被议论的人自己也认识到，他们根本不可能控制自己被人说成什么样。说起来讽刺的是，作为传媒人的西蒙和贝斯特，甚至还有现在的戴明，都对此再明白不过了。媒体了解和报道的公司价值与其真实实力之间存在着巨大的割裂。二者之间这扑朔迷离的空间恰恰是其实际价值所在，也正是一些媒体类公司真正所图的。新媒体更是加重了这片迷雾。这些价值是什么呢？所有这些金钱又从哪来？

如果这些数字军团改变了谷歌的搜索结果，如果他们相互建立了联系，又或者如果他们为了营销目的而争取到粉丝，他们会做些什么样的事呢？如果没人能想见到，那失败又会是哪般？戴明不得其解的是，她是否真的太年轻因而不败，甚至到底还有没有人知道失败的含义。

第 9 章

算法逻辑下的新新资金

在帕罗奥多市中心，劳拉·戴明原来和其他五个蒂尔奖学金学员合租的房子里，她的朋友保罗·顾总是最安静的那位。回想2012年，他们还一起住在那房子里时，谁都没想过他最后会是2011学员班里面最成功的那一个——至少从获得的投资角度来说。顾被媒体报道的频率远没有班中许多其他学员那么高，比如达尔·斯蒂芬斯和强纳森·伯纳姆。他一开始加入奖学金时，创业点子换了一个又一个，始终想不出一个能坚持做下来的。六个月都拿不出任何可以给人展示的东西。

但是在这之后，保罗忽然想到一个能够成为金钱交易新方式的概念。这种方式绕开了银行系统，提供不一样的服务。他的公司将成为硅谷第一家实现向私人借贷的公司，不要中间人，也不用通过任何机构。这简直太有硅谷的风范了。

顾来自一个中国移民家庭，他的父母来美国后成为了亚利桑那州立大学的教授。两人给了儿子良好的教育，顾很早就显现出了学业前景。他大学念的耶鲁，上学后不久就融入了学校的宿舍文化和习惯。顾瘦高而精壮，穿的是典型的校服，宽松的牛仔裤和卫衣，要么就是也很宽松的T恤。顾丝毫不惹人注目，但他很受欢迎，是个安静的观察者，脸上总挂着微笑。而且，他专注于自己的工作。戴明喜欢他。毕竟，戴明喜欢这个类型。他身上没有沾染硅谷常见的那种风气。他当初刚在旧金山国际机场落地时，也没想成为亿万富翁——哪怕想过可能也忘了。不管怎么说，他的态度毫不做作，令人耳目一新。

戴明当初参加最后一轮奖学金选拔时，曾经在凯悦饭店见过顾，不过那时候他们还不认识。顾一般都是跟大卫·栾还有丹尼尔·弗里德曼在一起，他们一起创办过一家机器人公司，而且也是在耶鲁上大一时一起申请的蒂尔奖学金。顾得知自己拿到了蒂尔奖学金的时候，其实就正和弗里德曼一起待在学校的科学实验室里。接着他们就接到了电话。"我们高兴得跳到空中直捶胸口，立马扔下手机，那边蒂尔基金会的人还通着话呢。"顾后来回忆道。

接受奖学金之后，他从纽黑文搬到了纽约，打算在那里想清楚他的创业公司要做什么。对他来说,辍学以及在曼哈顿开始创业都容易一些,因为他在纽约有朋友,走动起来也容易。生活确实和在大学里不一样了,不过他也经历过两年校园生活了,而且纽约对他来说是新鲜而令人激动的。在纽约可做的事比在纽黑文多得多,再加上顾对纽约本来就熟悉,从前周末时会来这里旅行和找朋友。

他在耶鲁大学读过经济学和计算机科学,整天做的就是建贸易模型和完成作业——他认为这些技能可以让他走上一条金融领域的职业道路。他清楚自己不想像父母一样走学术道路。他总觉得自己以后会从事一些跟做生意有关的工作。不过,华尔街对他并没有吸引力。他更加独立,渴望自己创业。这份等不及的冲动也正是保罗决定申请蒂尔奖学金的一部分原因。他就是想给自己打工。所以当蒂尔奖学金出现时,他觉得自己要去申请。又有什么理由不申请呢?"就有些像是显而易见要去申请的一桩好事,"他这样回忆道,"我申请了,并且还幸运地得到了。"

尽管他享受着在硅谷的社交生活,但同时也和耶鲁的朋友们保持着联系,还会到纽约去,在自己租的共享办公地点和企业家见面,这让他感觉自己要是还想不出可行的创意就要开始精疲力尽了。他和偶尔一起合作的几位联合创始人创办了一个名为404号市场（404Market）的本地电子商务网站，结果令人十分沮丧，根本吸引不到任何关注和客户。他给这个项目定下的期限是六个月，但后来到第四个月时就开始去寻找其他机会了。

顾一直都在思考他能运用技术解决什么问题。这件事开始成为激情澎湃的创业群体都要面对的一段老生常谈：找到要解决的问题。最近，创始人们已经变得激情过高了，甚至想出的问题要么是根本不存在的，要么就是解决问题过度以致于有损可行性，比如，在机场使用的iPad菜单，还要用上服务器去向客户进行解释。顾在纽约花了六个月时间，想找到一个从各方面来说都还没被攻克的真正问题，让所有二三十岁的人都垂涎的问题，就像下一个任务兔子（TaskRabbit）——一个让人能够找到陌生人完成小任务的应用。然而，后来保罗就意识到他最大的难以解决的问题太显而易见了：他破产了。

他那些朋友混得也不怎么好。顾又没有信用记录，而且他也没有房产可以抵押。他不知道怎么办才好了。如果有人能直接给他贷款会怎么样？或许人们可以通过互联网或者一款应用来给别人放贷。他或许可以不通过银行借到钱。

他的朋友试图通过借贷来偿还学生贷款或者创业时，也是一样的无所适从。所以顾就决定，他要创造出一个能够依据人在大学里的表现来预测日后薪水的算式，从而给他们，而不是给机构，提供足够的参考信息和资产负债比，使人们能够实现直接借贷。作为回报，投资方将会从借款人以后的工资中抽走一定的比例。

他还在纽约认识了日后的联合创始人：两名比他年长20岁的谷歌雇员，他们都认为这个创意会大有可为。之后他们就开始思考这位年轻人也曾遭遇的问题，也就是他们已经有工作了——很不错的工作。二人中的大卫·吉鲁阿德还是谷歌企业业务的总经理，掌管着众多的商业产品，比如Gmail企业邮箱，还在2014年将品牌形象重塑为谷歌的工作邮箱产品。他们都算是硅谷的成功人士了。顾认为他们是完美的合作伙伴。吉鲁阿德富有经验，而保罗则有计量指标的算法，例如GPA，借款人的职业目标，加上以往的实习经历，共同预测今后的薪资。他们要联手建立一家名为新秀融贷（Upstart）的新公司，主要资助信用记录较少或者身负贷款的年轻人。其他七名学生创业者也想加入，于是整个队伍就形成了。

顾认识到，创业初期他有必要去加利福尼亚试一试。他所想到的创业之地就是帕罗奥多，而非纽约，因此他打包好纽约翠贝卡公寓中的行李，横穿了美国，跟其他几名蒂尔学员搬到一起住。

2012年春天，多亏了有蒂尔基金会这层关系，他和自己新结识的联合创始人利用几周时间就筹集到了资金，然后启动项目。创始人基金也参与了投资。他们起先租下了谷歌预留给待孵化公司的办公空间，之后又搬到了凯鹏华盈——就在沙山路上。仿佛他们已经到了自己梦想的地方，但其实，他们还没到，那里只不过是一切开始的地方。Upstart有算法了，不过还需要找到一种无缝的方法，使这个公司能够让投资者和寻求借贷的用户都能获益。"那时候我们脑子里有一个大致的概念，关于要解决的问题，可是当时的解决方案跟我们今天做出来的相差非常大。"保罗说。

社交方面，顾想念纽约。然而，搬到西海岸更容易，因为能和戴明以及另外两名蒂尔学员住在一起，他们是达伦·朱和大卫·栾。不久之后，他就适应了与这些人一起生活。顾比其他一些蒂尔学员要过得好些，没像那些人那么孤独。这对专注创业是有所帮助的。而且，他的公司开始吸引投资人的关注了，有几位著名的硅谷高管已经表示要投资了。走到这一步，前提是他得有一个可行的创业点子，而事实证明，这对他的帮助甚至比他当初想象的还要大。

其他学员中，还有很多人一处又一处地换房子，或是搬到一个又一个的共居社区。他们花光了手里的奖学金，速度比预想的还快。与此相反，因为有了前期资金，顾开始赚钱了。这笔资金不久还会增加。他也在努力尝试解决一个问题，就和蒂尔基金会一直与主流唱反调的原因一样：学生贷款的负担太重了，而现实世界对待他们可不像大学辅导员那么温柔。

创业之初的一年半时间里，他们这个团队一直在试图确定一种收入共享协议，从而使年轻人通过这个协议，按一定比例把自己今后的收入分给贷款给他们的人。这个想法与典型的借贷运作方式是不同的，可是想解决这个问题的公司不止他们一家，其他公司也在赶超他们。他们这种理念与大学毕业后无法再依赖既定的职业道路，或者传统产业为生的新一代学生一拍即合。从2010年至2013年，自由职业者的数量已经增长了10%。稳定而常规的全职工作不再像以前那么常见了。

然而，要把这个想法做好仍然是个挑战。"我们很快就意识到，这个不会成为主流市场的产品，因为要实现这个想法非常复杂，而且还要投入很多人力和时间去讲解，这是个什么样的产品，以及人们为什么需要这个产品。"顾解释说。他们建立了各种不同的模型，但这个产品实在太复杂了，因此团队决定把Upstart做成一家传统一些的借贷公司。

顾借助蒂尔基金会拓展出去的学员人脉网，认识了一些给他公司投资的早期投资人。双方在专门为蒂尔学员举办的产品推介与交流会上相识。顾其实并不喜欢参加这类活动，他去社交的绝大部分原因就是要建立人脉。蒂尔奖学金没有设立结构性的资方会面体系，只是偶尔在帕罗奥多市随便某个餐厅里办个星期五聚会。"这时真的是人人手头都在做自己的一堆事。"顾一边回想一边说。有时也会出现一些组织性更强的群体，不过通常来说每个人都是自谋生路的。

然而，保罗似乎在这个没人指挥的体系里成长得蓬勃又茁壮。他喜欢硅谷没有任何公认的成功套路。"我认为那种传统的体系是非常线性的，你会知道要取得成功需要做什么，"他解释说，"你确实会达到某个固定程度的成功，但是基本上，你试图创立一家公司时，没有任何一本教科书可以清楚地告诉你需要去做什么，而且就算是你按着教科书写的做了，也不一定会成功——因为教科书根本不存在。"顾很享受增添的风险性。

与此同时，他的日常工作就是风险评估，用的方法与东海岸那些公司和产业是相同的。他的公司运用行之有效的衡量指标，比方说学分绩点，去预估学生今后的成就。在Upstart，顾专注于用特定的方式去实现这个目的。"这种评估方法其实跟你能不能'偿还贷款'没有直接关系"，而他的主张是，"这能反映的问题是，你有多看重自己的义务"。顾认为那些会仔细检查作业,或者在班上学习格外努力的人往往更恪守自己立下的承诺。这是一种利用数据来对人进行评估的方法。在社交技巧捉襟见肘的地方,说得委婉一些就是,算法才是更为可靠的预言者。

顾甚至说算法能评价一个人的性格。预测器会发出预警消息,提示某个人可能不一定可靠,比方说如果某人用的是预付费的手机号——这可能是个警示信号,说明这个人没有稳定的工资收入。

因此,硅谷现在甚至都在试图通过数据和精密计算来确定人的性格。或许这些数据能够预测一个人的品德、责任心和可信度。也许基于云端的个人软件能够取代人类的感知,而且还能辅助人力资源部门预测员工的离职时间、绩效表现,以及一份工作会持续做多久。数据还会把经理人定性为"呼风唤雨者"或者"终结者"。分析员工通过关键词就能做到,就像今天的谷歌搜索,这些都在变得愈发的普遍,甚至连人心和性格这种无比捉摸不定的东西也在逐渐地数字化。

在一定程度上,这差不多就相当于原先在学校里是书呆子型的那些工程师和孩子,以自己的方式瓦解了人们用以社交的传统方式,就仿佛这是个工程学问题。通过掌握全部的数据,他们就能够计算出社交线索,掌握与人交谈和互动的方法。约会和交际对他们来说不容易；而或许算法能解决这问题。软件工程师也研究如何与强迫症患者交流，他们认为用算法也能攻克这个问题。

从某种意义上说，性格的数字化是一种既保持政治正确，又坚持实事求是的方法。数据是不会说谎的，运用数字化方式判断出来的性格是客观性的，不会因为主观性描述而冒犯别人。算法判断毕竟是成功预测过犯罪的，比如运用纽约的"电脑判官"（CompStat）系统，那是20世纪90年代中期纽约警察局引进的一个计算机统计管理工具。谁都用不着说"那是个乌烟瘴气的社区，居住的都是这个或那个种族"，数据会替他们做这种事。

因此，他们就想，为什么不用一种算法来确定一个人以后会不会成功呢？从某种程度来说，他们这种系统与硅谷的风气背道而驰。生活中的种种，都能以某种方式量化，还能够成几何级数地加以扩散。例如，把火箭发射到外太空，或是变革金融领域的法则都不是毫无可能的，只要那是一串数字。数据消除了激情、恐惧，而且以非常理性的方式消除了挫败感。数字是冷冰冰的，有迹可循的度量指标。再没有作者引发的判断障碍，也不会有软学科常常遭遇的那些感性的障碍。

顾盯着屏幕上的数字，他发现绝大多数00后都用信用卡付款消费。"美国约有50%的人有月滚月的信用卡结欠余额。"顾说。然而,哪怕你信用卡里有欠款,哪怕数额再少,银行也会犹豫要不要批准给你放贷,因为这样等于允许用户以低于信用卡还款的利率再融资。银行也知道大学生身负不少债务,毕竟,他们为了上大学已经花了一大笔钱。例如在耶鲁大学,顾的学费加住宿费是一年6万美元。顾成了为数不多的一位背负着三年贷款退学的大学生。他开始以Upstart的衡量指标来看待自己这个决定,还有他人生中许多其他的抉择。对他来说,Upstart方法论已经变成了他的世界观。"我已经不只是用这种思考方式来对待工作问题和上学问题了,它其实已经成了我思考自己人生的方式,"顾如是说,"举个例子,每隔几个月,我就会审视一下我自己——数据分析性质的审视。我会写一份三到四页的分析报告,列出自身在创业和公司精英方面的优势和弱点,以及哪些地方我已经有所改进了,而哪些地方我还没有进展。我制订了一个计划来帮助自己根据报告进行改进。我也会采用同样的流程来思考如何解决信贷建模问题,甚至我想应该运用这种方式来思考,作为一个自然人,以及一个可以为世界做出一份贡献的人,我应该怎样进行自我提升。"

虽说Upstart的初衷是帮助创业者融资,但顾认为仅仅因为想成为企业家而去创业并不值得。通过成为一名企业家而去

"改变世界"已经绝不只是一句老生常谈了，更是成了一种流行病。"我认为首先至关重要的是得有一个自己深深关切的问题。然后就是想一个你真心想去实现的解决方式。"他边思考边说。

顾的公司于2012年正式成立。四个月后，顾和大卫·吉鲁阿德给第一批使用Upstart借贷的青年学生下发了贷款。总的借贷金额只有20万美元出头，这些钱会在旧金山市教会区的一家餐厅里当面发到学生手上。这些学生互相从没见过面，但是他们都有各种各样的奇思妙想，比如要做音乐平台或者要写小说。Upstart这个融贷理念能让这些20多岁的年轻人去做他们想做的事，而不用被迫找一份糊口的工作。

"我们就指望你们了，"顾对拿到贷款的学生们说，据《企业》杂志报道，"别把钱都花在一处。去做你们认定的事吧——让我们为之骄傲。"

这个想法是要把学生和想帮助学生创业的富有的投资人联系起来。从推出至今，这个想法已经得到了广泛传播。新秀公司所处的领域在逐渐壮大，领域内的公司包括爱准公司，是由贝宝的联合创始人麦克斯·拉夫琴创立的金融科技公司，还有宝路公司，是个股权众筹网站。这些公司正在变革金融借贷的方式。

随着决定不要循规蹈矩上班，而要走创业道路的学生数量不断增多，学生们也发现他们能获取资金来支持自己创业的渠道少之又少。Upstart给了他们另一种解决方案，否则学生们就要被迫白天打工，留给自己能花在创业上的时间就很有限了。

吉鲁阿德认为除了通过众筹以外，Upstart还应该为大学生提供导师制的辅导，帮助他们走上与顾相仿的职业生涯。他想不通为什么很多公司会聘用毕业生来筹资，现在的高校毕业生可是几乎不具备任何的人脉，没法从任何方面施加影响。

相反，顾想让大学生解放自我，在不用考虑稳定的收入等等任何附加压力的前提下，找到他们真正想做的事。他不想让其他学生也体会他的朋友们曾经经历过的那种压力，他们曾经就为了能付得起房租而选择任职于银行或者对冲基金。他也相信那些孩子会认同像他这样，自己给自己打工。对于"00后"来说，向别人汇报工作可不像前几代人一样，仿佛是天生就会做的事。保罗认为，现在学生可以通过从他的风险基金筹资，拿到了贷款一毕业就能开始创业，立刻就感受到获得感。除此之外，这个方案的另一个目的就是让投资方能按一定比例获得借款方未来的收入。不过，借款方只有在赚得足够还钱的收益后，才需要偿还贷款。学生可以上网登记他们的创业目标和已有的进展，列出他们的资质证明，然后说明需要筹多少钱。

接下来，Upstart的算法就会预估出他们以后的收入，而筹款方必须把这个结果分享给投资人，以确保他们的投入是值得的。有些大学毕业生比其他同龄人更有前途。Upstart期望他们能赚到更多的钱，这样学生们就不必交出太多以后的收入。投资方可以给学生按1000美元的整数倍递增贷款，还可以按月给付。大多数学生能够拿出的未来收入比例是7%，并且他们在年收入超过30000美元之前是不用偿还贷款的。吉鲁阿德和顾都认为他们的系统是创业者的理想之选。这样就算创业者在创业初期没有稳定的收入，也能专心发展自己的公司了。如果"新秀"创业顺利，那资助者当然能从中获益，如果某位新秀的公司经营得不好，那这位创业者其实也并没有失去太多。

借贷方被称为"新秀"，贷款给新秀的投资方则被称为"资助人"。这样一来，新秀公司就把用户看成了自己公司的组成部分，公司网站也就像是一个为创新人群服务的众筹网站。最初几年中，新秀公司资助过各行各业的新秀，有诗人、艺术家，也有银行创始人。他们现在有的已经成了自出版作家和写手，还有些现在是有前途的研究生，只是仍然要偿还助学贷款。押宝在小说或者艺术项目上是相当有风险的。新秀们会收到一份期限为五到十年的合同；如果合同期满后，他们的收入低于规定的数额，那就不用向资助人偿还任何贷款。投资人在投资之前必须先获得美国证券交易委员会的认证，确保其年收入超过20万美元或者净资产超过100万美元才能进行投资。投资人也无权命令新秀要如何使用借贷来的款项，但是投资人可以，而且新秀公司也鼓励他们，去指导和支持创业的新秀。新秀公司则会从交易双方所获的收益中抽取一定的比例，比如从学生一方收取3%，再从投资者一方收取0.5%。

这就相当于出售一个追逐梦想的机会，这和硅谷一向的做法是一致的。而且，这也算是尝试要让原本极难预测的事情变得可预测、可量化，显然也是很符合硅谷风气的。这还是一种跨越阶层的尝试。有的人来自低收入家庭，但是拥有优秀的创意和十足的艺术细胞。有了新秀公司，这部分人如果想投身艺术，就不需要依靠家庭资助了。他们也不用为了积攒第一桶金而被迫先去高盛工作。创始人普遍会认为这样的做法是在消耗天赋。

"我们要是成功了，这实际上会对美国的社会经济构成产生很大影响，"宝路公司的联合创始人奥伦·巴斯说，"这是对游戏场地的一场巨大规模的整平挑战。"

起初，新秀公司尝试过与宝路公司开展合作，但是两家公司对于可行的发展模式持有不同的看法。然而几年之后，他们的处境又变得十分相仿了，都面临着一个问题：他们使用的分析数据都来自各所大学、国税局以及美国劳工统计局,两家公司都必须签署政府保密协议。

批评人士认为两家公司过于相似,指责他们的预测模型都明显青睐于已经更具优势的人,比如那些已经上了常春藤名校的学生,还有已经被知名企业录用的人。两家公司都有许多有志创业的新秀是已经握有斯坦福大学、哈佛大学,还有宾夕法尼亚大学沃顿商学院学历的人。贷款结果往往就这样产生了,投资人都会根据教育背景和兴趣领域来选择资助对象。从某些方面来看,他们的这套选拔系统与典型的求职要求是十分相似的。

顾解释说,他的模型揭示出,职业生涯早期所获报酬最高的是拥有麻省理工学院计算机科学专业学历的人,而持有普林斯顿大学经济学位的人,到职业生涯的中期是最成功的。这一点也不足为奇。

吉鲁阿德对批评者的回应则是,这样的结果只不过说明了这个国家的社会经济构成就是如此,纠正这种阶级分化不是新秀公司该负责的事。"可以说这是我们国家面临的一个系统性挑战。"吉鲁阿德说。

他们逐渐发现,有些专业就是可以预见地会获得更成功的职业生涯和更稳定的收入。这些公司的APP做的相关设置,正是要提醒学生提防，尽量不要加入那些传统秩序盛行的公司。这样一来，新秀公司等于是强调了传统的社会经济秩序，但其目的是要找出不想被传统操纵的那些非比寻常的创业者。顾一直说，公司的主要目的是要给人们一个尝试新事物的机会。

"正像人生中的任何事情一样，你要是既不够聪明、不够有天赋，也没有企图心或创造性，那很可能你去创业就和去做其他事一样，难以成功"，一位名叫特瑞纳·斯皮尔的新秀这样说，她毕业于哈佛商学院。"如果你不努力取得漂亮的分数，你可能就找不到好的工作"，斯皮尔通过新秀公司众筹创办了自己的公司。"永远都有人比别人更优秀，比别人拥有更多的机会。人生就是这样。"

回想2012年时，斯皮尔的公司处在融资最快的初创公司行列。她用今后十年里每年1%的收入就能交换到2万美元贷款。她用这笔钱偿还了商学院的学费贷款，然后又把剩下的投入到自己的医疗用衣物公司菲格斯（Figs）。这是一家销售实验室擦洗用品、白大褂等用品的公司。三年后，斯皮尔这家公司还是没能进入高速发展状态。斯皮尔一直没能领到工资，所以也付不了承诺的年回报。她说不好新秀公司还能不能再继续扩张，公司的投资回报率较低。不论借款方最后变得多么成功，资助人都从没获得过超过15万美元的回报。

截至2015年，已经有超过300名资助人通过新秀公司投资了总额超过300万美元的资金，分别投给了254名新秀。然而，这家公司距离赢利还相去甚远，不过硅谷的风险公司愿意押宝新秀公司能实现利润回报。毕竟，就连亚马逊也算在内的为数众多的大型科技公司都还没扭亏为盈。凯鹏华盈、谷歌风投，还有亿万富翁投资人马克·库班，就是NBA达拉斯小牛队的老板，都在支持着新秀公司。各种合作也在酝酿之中。新秀公司还有些其他的想法——与任何想要参与人们信用评级的公司合作，比如信用卡公司、汽车贷款公司，等等。

有些投资人开始担心，新秀公司正在给没什么实际前途的创业者授予众筹资格。公司会不会允许那些只有疯狂想法，却没什么责任心，也缺乏概念验证的人去众筹呢？新秀公司试图通过投资领域的差异化来平衡掉那些冲动性的创业点子。他们努力寻找的仍然是那些不想为了付房租，而把自己的灵魂卖给银行业或者咨询业的学生。

这些借贷公司最终的目标就是成为像贷款树（Lending Tree）那样的大型企业，那是一家网络贷款平台。从技术角度来看，传统借贷公司的增强版从2008和2009年经济衰退时就开始迅速发展了。贷款也是另一种硅谷试图颠覆银行业的方式，至少是要改写这一行的规则。2015年，摩根大通公司的首席执行官杰米·戴蒙曾在写给一名投资人的信件中警告说："硅谷要来抢生意了。"那些年轻的科技创业者正在注意到，00后根本不想通过正常方式存钱、集资，或是跟银行打交道。他们就知道网购。像新秀公司这类公司能发展起来，部分原因也是人们越来越不信任银行业所致。传统的银行业在硅谷看来仿佛存在于另一个世界——还是个旧世界当中。

千禧一代不喜欢体制机构，他们喜欢初创公司，他们爱自由，他们喜欢把东海岸甩在身后。每个人都在探索着新路子，尤其是在纽约金融业遭遇重创之后。而硅谷，能成为一切的答案吗？

第10章

先斩后奏还是确保合法再做

到2015年末,蒂尔奖学金由新任的执行董事企业家杰克·亚伯拉罕接手管理。他上任后开始为新学员提供咨询建议,告诉他们一旦自己的公司受到政府审查该怎样应对。这是硅谷的初创公司要面临的一个新问题。到目前为止,政府监管还是只针对单个问题的,而且也只有谷歌、苹果以及其他庞大的科技公司真正受到过政府的监管审查。不过,像优步和爱彼迎这些公司已经开始有所转变了,它们需要政府点头批准才能继续存在下去。他们变革了各个城市的现行法律,把当地工会搞得心烦意乱。由于这些公司具有全新的组织结构,不仅引起了政府对于技术产业的注意,导致官方开始关注西部地区,更使得各地的相关政策也随之发生改变。

对于大部分蒂尔学员来说，还不到操心政府干预的时候。况且亚伯拉罕眼下也还没有能随时待命的专业说客，但是他知道哪些投资人在政界有广泛的人脉。这位新任的执行董事认为，政府对待企业的基本规则就是起初毫不在意，直到耳闻有这样一家公司，通常都是关于这家公司有哪些所作所为正在颠覆"从业者"的流言。一个行业的从业者正是科技产业说客试图去颠覆的既得利益者，产业说客以此来支持他们的科技客户，这类游说包括酒店业游说、出租车行业游说，还有轿车产业联合会等。

"这些说客必须表现得足够好，才能真正让本地经济中的利益相关方感受到疼痛，"亚伯拉罕说，"而这疼痛又需要等片刻之后才能足够剧烈，从而促使那些组织去向政府告状。"他建议创始人不到万不得已时，不要去和政府解释他们的公司在做些什么。

"这种偏好是为了尽可能地避免与政府打交道，另外就算政府要求创业公司去沟通交流，那么了解怎样做游说工作的员工也有很多。"亚伯拉罕解释说。据他所说，硅谷就有知名的风险投资人深谙如何与政府打交道，比如"超级天使"罗恩·康威，他是一位早期投资人，投资了众多像谷歌、贝宝这样的公司。

罗恩·康威曾说过，大多数政府干扰来源于当地政府这个层级，因此在公司所在地有个盟友很重要。联邦政府不会像城市一级的政府一样卷入科技行业，虽说各州的情况不尽相同。"你绝不会希望自己处于那种境地的，有个人说句'不'，然后你的公司就关门大吉了。"亚伯拉罕说道。

到2016年初，蒂尔学员詹姆斯·普劳德（曾创立过现场演唱会定位者网站）已经凭为自己发明的便携式睡眠追踪器，名为感觉（Sense），募集到了5000万美元投资。他用完了自己的学员奖学金后，就凭借自己的发明成立了公司。这位来自伦敦南部的24岁小伙子并不喜欢和学员班级里的其他年轻人打交道，因为他觉得其他人没有他这么成功。在他看来，他实现了自己的目标；而那些人没有。现在他在年轻而时髦的波特雷罗山上有一间宽敞的办公室，那是位于旧金山湾的一片地区，里面到处都是科技企业的办公室、奶昔店铺、手工咖啡馆，还有自制意式冰激凌店。商铺一路沿着第十七大街分布，普劳德的办公室也在那条街上。许多穿着时髦宿舍范牛仔裤，背着松垮背包的青年科技员工在街上来往穿行，有人用优步轿车，有人搭公交，还有人骑着自己的自行车。

从外面看起来，普劳德的办公室就像一个温室。前门又小又窄，进去以后就像是进入了遍布着棕榈叶的丛林。高度加高了一倍的天花板下面是爬满了更多植物的墙面。然而打开门以后，这个办公空间很快就呈现出了十足的创业公司特色：一众员工在敲击着他们的笔记本键盘，后方的零食区摆放着各种食品，用的都是最新出现的原料产品，比如奇异籽、牛油果、绿茶提取物等。冰箱放在厨房的前部，里面装的全是冷压咖啡。普劳德坐在一条野餐长凳上吃午餐，吃的是藜麦、羽衣甘蓝沙拉和鸡肉。鸡肉看着就好像里面的水分完全被蒸干了，只留下一块蛋白质一样——所有食物对于追求效率的软件工程师都再合适不过了。

一切都进展得十分顺利，普劳德正准备换间更大的办公室。他想雇更多的员工，而且已经在马不停蹄地去做了。他飞去了挪威、英国伦敦和芬兰，去招募有价值的软件工程师。他还在办公室附近找到了一处办公空间，面积差不多是现在公司的两倍，而且室内设计也十分讨他喜欢：那是一间旧仓库，外表是裸露的砖墙，里面的每间办公室都是以玻璃作为墙面的。普劳德在他的Facebook个人页面上发帖晒了张照片，是他壮大的员工团队，朋友问他："这张照片里你在哪儿呢？"他回答说："我在镜头后面。"

与此同时，其他健康跟踪公司都遭到了美国食品药品管理局的监督。其中少数几家公司，例如做健康跟踪设备生意的Jawbone公司就收到了警告信。他们列出了相关准则，说明什么是"低风险设备"，还明确指出公司不能做广告说自己的产品可以治愈失眠症或任何其他疾病，只可以说能够改善整体健康。FDA表示，此种性质的设备不会对用户的健康造成威胁。广告声称的产品性能被要求要尽可能地含糊。可以说睡眠管理，但如果说治愈睡眠又会怎样？普劳德的公司就是那种已经达到相当规模，进而对现有产业造成威胁的公司，因此就引起了政府监管者的注意。

希瑟·波德斯塔此刻正坐在纽约时代广场喜来登酒店的大堂里，等着会见希拉里·克林顿的工作人员。她与克林顿一家的关系一直都很密切：她的前夫托尼·波德斯塔也是一位有名的说客，托尼的弟弟约翰·波德斯塔曾是前总统比尔·克林顿的幕僚长，并且目前正在为希拉里·克林顿组织2016年的总统竞选活动。不过如今的实际政治活动只不过是希瑟·波德斯塔人生的一个脚注而已——为技术公司工作能获得的回报要丰厚得多。

她银色的波波头中掺杂着满头的灰发，涂着亮红色的唇膏，站在大厅里格外抢眼。约翰·波德斯塔刚一踏进酒店大门就看见了她。众多克林顿的工作人员紧随其后,他们不久后就会在下午的会议上正式会面。

不过此刻,现年46岁的希瑟是为鸡蛋的游说工作而来的。她这场仗打到一半了——代表的是技术公司一方。过去几年里,她通过游说,将700多万美元收入囊中,而其中有许多收入来自技术公司,包括Snapchat、Zoc医生、菲比(Fitbit)以及SpaceX公司等。她现在还做了一家叫Hampton Creek的食品科技公司的游说代表。这家公司宣称其生产的植物蛋黄酱产品(Just Mayo)不含鸡蛋,但是名字仍然叫蛋黄酱,因而引发了这场鸡蛋游说。对方的立场是,"蛋黄酱"不应该不含鸡蛋。为了给自己造势,鸡蛋游说团体还雇了些"妈妈博客作者"去散布谣言,说Just Mayo产品是不安全的,因为用的不是真正的蛋黄,而且这样的产品对美国的农民也构成了威胁。

波德斯塔正铆足劲要证明这种运用先进技术制作出来的产品也是真正的蛋黄酱。如果尝起来像蛋黄,看起来也像蛋黄,她辩称,那这就与那些生产鸡蛋的人没有任何关系。而且,难道他们就以为不会有任何立法者站在支持科技产业这一边,而不选择站在鸡蛋产业那一边吗?毕竟要看看现在哪个产业更靠得住吧?技术公司帮助这些说客行使了更大的权力。他们家底更厚实,那些首席执行官又往往是如此的年轻又纯真,甚至都不知道掏空他们这样的对象感觉有多好。

就拿Fitbit来说，这个设备具有记步和测算卡路里的功能。它的同名公司又怎么会想到，其产品上市不久就因为携带和传输消费者数据遭到了食品药品管理局的审查呢？Fitbit于是雇了波德斯塔，帮其在事情难以挽回之前，确保公司品牌宣传和营销材料符合食品药品管理局的标准，她一边说着一边展示了手腕上那个线条流畅的黑色Fitbit手环。

詹姆斯·普劳德的公司现在也属于这种被盯上的公司行列了。近来，为各行各业的从业者雇来的说客团体，比如出租车游说团体、大轿车佣金游说团体、鸡蛋游说团体、肉制品游说团体、汽车交易行业游说团体，等等，还只是其中很少的一部分，这些游说团体变得越来越早地就能留意到这种刚起步的创业公司。因此，波德斯塔建议这些技术公司越早聘请她，对公司就越有利。

优步以及之后的爱彼迎为了给多样性市场争取许可而与政府抗争，这应该是技术公司面对一群反对他们的政府工作人员，以要么做要么死的决绝态度正面交锋的案例中最广为人知的两个了。优步在法规方面的胜利既对其他众多同类公司产生了激励作用，但同时也把这些公司吓坏了。然而，他们的案例至少证明战胜一个国家以及大多数城市中最强大的联盟是可以做到的。这还多亏了那位名为布莱德利·塔斯克的年轻说客。

塔斯克现年42岁，在纽约布鲁克林长大，后来去了宾夕法尼亚大学，最初也是在那里开始对政治感兴趣。上大学时，他通过一个木匠工会的朋友弄到了一个民主党全国大会的参会资格，在会上认识了当时的费城市长艾德·伦德尔，还得到一份为市长打工的工作。当时他看见市长一个人坐着，就走过去坐在旁边，开始和伦德尔攀谈，后来他还去了市长办公室，留下便条说自己想找个跟着市长实习的机会。他就这么找到了。

塔斯克不是传统意义上魅力非凡的类型，也不是很帅气，但他有与人自来熟的方法。他能让你感到自在不拘束。在他纽约办公室街对面的咖啡馆里，塔斯克与服务生相处的方式让人感觉他已经认识他们许多年了，然而他却说自己只去过那里少数几次。如今，他代表的公司有特斯拉、乐斗（FanDuel，幻想体育游戏公司）、Draft之皇（DraftKings，社交体育游戏公司），还有"我的餐桌"（Mytable）公司，是一家专门烹饪和贩售本地菜肴的公司，不过真正让塔斯克声名大噪的还是优步。为了回报塔斯克对优步的帮助，特拉维斯·卡兰尼克甚至没直接给塔斯克钱，而是给的公司股份。

不过那也是后话了。塔斯克结束了在费城市长办公室的实习工作后，搬回了家，并任职于纽约市公园与娱乐管理局。

塔斯克后来回忆说，管理局的局长亨利·斯特恩曾说过，"雇些年轻的男性犹太白人，一年给2.2万美元，基本就可以搞定局里大部分事务了"。塔斯克后来去芝加哥大学的法学院学习了一段时间之后，就又回到了纽约公园与娱乐管理局，之后就直接调到了华盛顿特区。他在那里做了两年纽约州参议院查尔斯·舒默的公共关系总监。"那段经历特别疯狂，因为查克（查尔斯的简称）是国会中对传媒内容最渴望，而且最志在必得的成员，而且我任职的第一年还发生了'9·11'事件。"他回忆道。

那之后，2001年，迈克尔·布隆伯格当选纽约市市长，塔斯克就离开了华盛顿特区开始为布隆伯格工作。他现在心知肚明，游说团体要操纵政客们是有多么容易，正因如此他敬重布隆伯格做出的那些不讨好的决策，因为他根本就不需要任何人出钱帮他再次当选下一任。

2008年，雷曼公司申请破产保护时，迈克尔·布隆伯格交给塔斯克另一项任务，让他去帮自己修改纽约市长的任期限制，同时帮他组织竞选下一任纽约市长。塔斯克回到了纽约。布隆伯格又赢得了第三个任期。但是，塔斯克却没有继续留在布隆伯格的政府里，而是决定自己创办咨询公司，并将自己公司的业务分成四个独立的部分：一部分做风险投资业务；一部分做档案业务，为洛克菲勒基金会等各个基金会以及对冲基金经理肯·格里芬等高净值个人创制数字档案；还有一部分做赌场业务，最后一部分是做家庭基金会业务。

几年之后，塔斯克接到了伊利诺伊州长办公室打来的电话，询问他愿不愿意去做副州长。就这样，29岁时，塔斯克去为时任伊利诺伊州州长的罗德·布拉戈耶维奇工作了。这位州长后来因为腐败被定罪。"我认为布拉戈耶维奇当时雇用我有好的原因，也有不那么好的原因。"他解释说。好的方面是，塔斯克够年轻，他认为布拉戈耶维奇当时觉得他会一心扑在工作上，每周恨不得工作超过90个小时。不好的方面则是："我在他眼里还是个孩子，所以他就能为所欲为，而我甚至对此都不会有所察觉，事实可能也是如此。"到2009年，布拉戈耶维奇被解除职务时，塔斯克曾签署过的每一条法令都被逐条查验其合法性。这位州长在各类文件上露面的次数少到检方都怀疑他在任期内有没有签署过哪怕一份立法文件。

那次经历导致塔斯克离开了公共领域，进入商界。他熟悉了芝加哥彩票系统后，决定要找到方法让这个行业获利更高，同时具有广泛的吸引力。由此，他后来带着自己的点子去了所有的大型投资银行，说他想开创一项把州立彩票私有化的业务。"说对也对说错也错，我选错了银行，选的是雷曼兄弟公司,"塔斯克说道,"他们百分百地信守诺言,所以我才挑的他们公司,但是他们还是扯了全球经济的后腿。"

塔斯克在众多拓展新业务的能力正是他后来能获得优步股份的原因。2012年的一天,他接到一通电话,是一家小型运输初创公司打来的。政府正试图关闭这家公司。打来电话的正是卡兰尼克,他对塔斯克说,自己付不起塔斯克咨询费,但是会给他公司的股份以代替咨询费。Tusk Strategies(塔斯克战略公司)就这样成为了优步的第一个政府关系部门。他们举办各种活动反对城市的政府官员,比如反对过纽约市长比尔·德·白思豪,因为他支持有牌照的出租车和加长大轿车这样的既得利益者。

现如今,塔斯克代表的其他公司也依靠他做着同样的事情。那些公司会去找他说:"我也想像TK(特拉维斯·卡兰尼克)一样,以同样的方式通过政府这道阻碍。直到近来,塔斯克一直认为技术行业都根本不清楚要如何跟政府打交道。由于技术行业是在创造完整的新行业和新的支付系统,现行的针对汽车公司的法律并不适用,又或者根本就没有针对比特币等虚拟货币的现行法律。"塔斯克愿意,并且也已经做好了准备,成为二者的中间人。

瑞波(Ripple,区块链创业公司)也是塔斯克的客户,是一家实现电子货币支付的比特币公司。在Ripple的案子中，监管比特币对他的客户是有所助益的，因为塔斯克认为政府干预会促进这门生意的合法化。而一个受到监管的体系则会使客户对这种新型货币更加放心，也使比特币看起来没那么像货币圈的一个局外者。"你要试图引进新货币时，你就要明白怎样与政府打交道了，"塔斯克说，"并非每一家初创公司都想要不惜一切代价规避政府的监管，有一些是希望政府不要干涉他们的发展，而还有一些则希望能有一个公平的竞争环境，这完全取决于每一家初创公司的情况。"有了监管，两方都能从中获益，塔斯克这样认为。"如果有一天你能用比特币纳税，或是用比特币支付停车费用，你会作何感想？"塔斯克问道，"如果政府也能用比特币实现支付，那又会如何呢？"

塔斯克运营集四类业务于一体的咨询公司，他要像组织竞选活动一样分别运营每一家子公司。毕竟他既和政府合作，也要与科技产业肩并肩争取利益。2016年初，他一边与八家技术公司建立了合作，一边经过综合考虑后认为布隆伯格以后会放弃作为独立候选人去竞选总统。

塔斯克想让政治家开始以捐赠人的身份来看待技术公司，把他的客户看作投票者。例如，在线幻想体育网站FanDuel拥有500万玩家，也就是有500万候选人，这些人可能就会对纽约州首席检察官艾瑞克·施奈德曼限制他们使用FanDuel感到不满。如此一来，施奈德曼哪天如果要去参选新职位，那这些人对他可能就有不了什么好印象了。公立学校可能对技术驱动的"微学校"AltSchool没好感，但那些不满意自己子女当前教育选择的父母也是有投票权的。

奋力争取对塔斯克来说是种享受。"我们基本上就是对市长和出租车行业不依不饶，直到他们让步为止"，他仍记得当初在2015年夏天代表优步的那场据理力争。现在塔斯克要做的还是同样的事，他要代表特斯拉反抗汽车经销商。由于特斯拉是以直营方式销售给消费者，跨过了经销商，所以经销商试图要让电动汽车公司受到管控。这个案子涉及到评估一家公司的商业目标，制定出实现相应目标的途径，同时在实现过程中击败任何可能构成阻碍的政策。塔斯克采取了一种多管齐下的方法。每天早晨，每一位客户都会收到一封电子邮件，里面会列出当天会采取的详细策略，包括所有战术要用到的手段。

"我们的观点是除非达到政治竞选活动那种强度，否则会一事无成，"塔斯克这么说，"优步从许多方面来说都是这类交涉的一个开始，虽然前有谷歌和微软在20世纪90年代的诉讼案，但是那种公司有许多涉及全国的大问题；而现在这类案子涉及的是一个问题，面对的是一个联邦机构，或是关于隐私的问题,或是有关市场主导性的问题。"他解释说:"这些科技公司惹恼了每个城市里的既得利益者。"他认为,优步只是新规范下的首个例子。

在塔斯克及其公司看来,每一个新的公司都迟早要和政府打交道,这只不过是时间问题。但塔斯克说,这其中的问题是:"什么时候你要先斩后奏,而什么时候要事先请示?"对于那些有着众多热情客户的公司来说,等到公司不得不这么做时再向政府求饶比较容易,因为到那时候,公司就已经建立起了一个准防御团体。一旦这些市场上的新生力量决定要作战了,就可以通过草根的力量发声,传播邮件,锁定立法机构为批判目标,还可以在《旧金山纪事报》《纽约时报》《洛杉矶时报》这类报纸上发文章。

例如,为了争取让优步继续留在拉斯维加斯市场,用户经常忙着为优步请愿,与全国最有实力的出租车联盟之一做对抗。优步十分幸运,那些一直在自己生活的城市使用优步服务的游客也急切地表达他们的意愿,认为优步应该留在拉斯维加斯,因为这会方便他们在假期继续使用。

在一部分市场上,尤其是拉斯维加斯,"原有的市场结构对既得利益者是非常有利的。"塔斯克说。有经营牌照的车主和行业联盟以其对竞选活动的贡献而出名,这些联盟试图利用这一点来巩固现状。"我们现在对抗的,或许是钻进汽车经销商钱袋子里的立法者。"他解释道。塔斯克说这种事屡见不鲜。

然而,技术公司多半都不熟悉这种所谓政治回报的游戏。首先,技术公司与华盛顿特区天各一方;再者,公司的创始人天生就对政治不感兴趣。那些工程师极客几乎连如何交朋友,或者如何引导一场鸡尾酒派对都不了解,更别说在政治方面善于操纵别人了。还存在一种根深蒂固的观念,就是技术产业能解决任何问题,而政府则未必能行。当然,哪里都有例外,那些人就是少数成功者。塔斯克正试图改变技术公司那种习惯。他希望技术公司也能熟练操纵政治家——那种有舍有得会使双方都为之获益,塔斯克是这么认为的。

"但愿吧,有一天这种离不开给钱的规则得有所改变,因为技术公司其实根本不想给政客钱,其原因一是因为他们不相信政客们会善用他们的钱;二是因为他们认为这样做也不体面。其实某种程度上他们是对的。"塔斯克说。"他们为什么要被勒索钱财?"还是那句话,塔斯克希望他能够"改变以钱为中心的准则"。他也承认,或许要经过十年到二十年的时间,才能让政客们接受这个观点。

至于眼下,塔斯克正在思考的是短期问题。他想确保自己代理的每一家公司都能正常运行，然后他要操心的就是法律方面的问题，要确保这些公司在长期内能够一直经营下去。他希望有一天能对无人驾驶汽车领域的法律有所影响，以及塑造公众对于无人驾驶汽车的舆论。他想确保优步无须面对任何改变游戏规则的管制。接下来，塔斯克开始和空中地图公司（AirMap）通电话，那是一家无人机领空协调公司。塔斯克甚至还不太理解他们的收益模式，或者现在到底有没有无人机运输公司，不过他想从一开始就参与进来。

　　无人机既有娱乐性又兼具商业性，完全是一个新世界。联邦快递会不会抢占这块阵地？使用无人机对消费者的安全是否有保障？无人机可否运用于作战？谁又拥有无人机领空的所有权？"这问题甚至都不曾有人想过，"塔斯克说，"或许这个领域不会出现糟糕的行业，或是像出租车卡特尔一样的形态，但是一定会有点什么事发生的。"

　　除此之外，塔斯克表示自己还会试图绕开处在种子阶段的早期创业公司。他会等，等到一家公司发展到足够大，需要他去跟政府争取利益为止。一家公司需要发展壮大，之后需要调动其用户群的热情，他才能借此完成自己的工作，而这都需要时间。至少，客户使用优步的乘车体验往往要比乘坐本地那些既得利益者产业的出租车要好太多了。正因如此，早在2012

年,优步就能争取到十万名客户去纽约市政厅要求政府留下优步。FanDuel也拥有同样的公众支持度。"我认为能够创造出让人们如此热情相待的产品是十分罕见的。"塔斯克说。

大体来讲,塔斯克发现旧金山湾区的企业家普遍否认自己面对政府管控表现出的软弱。他认为许多与他接触过的技术公司都过于自大了,总认为他们不会触及法律。他说有太多的创始人对此都要嘲弄一番,"我上过斯坦福,然后我去了YC创业营,所以那些愚蠢的管理者看了我的商业计划之后当然会按我想的去做,因为我多么特殊啊!"他发现这种态度在技术行业十分的普遍。

另一个问题是众多初创公司根本没意识到自己今后的敌人是谁。例如,肉制品行业对发明出汉堡替代品的食品科技公司展开了奋力抵抗,其实那种产品对肉食者绝不会有吸引力。

尽管不无偏颇,但塔斯克逐渐发现,那些公司的客户认为,与政府建立起合作关系有助于食品科技公司形成更好的公众认知。他不赞成苹果拒绝配合FBI解锁圣贝纳迪诺枪击案凶手的iPhone。"我担心的是苹果从某方面来看过于傲慢了,这会导致出租车管理者认为,'这些该死的初创公司,他们傲慢至极',而这会伤害到我代理的所有公司。"他认为苹果的所作所为正在使初创公司在监管更为严格的情况下受到伤害。

现如今，塔斯克认为技术公司不再只是存在于单一产业之中，所有的新公司实际上都是技术公司。大多数公司基本上都会受到管控。"技术公司与亚马逊没有区别；有时他们送上门来找我，"他说，"对我们来说，现如今机会一抓一大把。"

年轻的詹姆斯·普劳德确信自己的宣传材料说的是Sense能够跟踪并管理睡眠，没说能助人入睡，也没说能对抗失眠症。相反，他把Sense看作一个健康设备，而并非只是一种具有制定性修复功能的产品。现在所有的品牌推广资料都越来越泛泛而谈，也就是在暗示Sense跟踪器还有其他可能的新用途，比如利用其改善运动表现，或者作为家居装饰。

大多数情况下，蒂尔学员还没真刀真枪地提升过对抗政府的能力。劳拉·戴明的生命延续药物研究仍然处在实验室阶段，因此和食品药品管理局过招还是多年以后的事。再加上她并不一定要直接地解决管制问题，她可以依据最终获得批准的可能性去选择要投资的生物技术公司。

至少硅谷在不断产出足够多的新技术和新科学，这都属于此前没有既得利益者的全新领域。在很多情况下，并没有现有产业可颠覆。虽说技术取代了现有的工作，但也创造出了全新的领域。例如，人工智能不论对于政府管理者来说，还是对于企业家，甚至整个社会而言，都会是一个令人头疼的全新领域。突然之间，幸而有了硅谷，政府还必须去起草合适的政策，管理那些新的思想、道德和法律领域。类似布莱德利·塔斯克这样的中间人，现在成了中心人物。

第 11 章

一名创业失败者的思索

蒂尔学员创建的那些还在襁褓中的公司，像詹姆斯·普劳德以及保罗·顾的公司，也有各自成长的烦恼：普劳德一直在试图让他的跟踪器实现量产，而顾则一次次地变更公司的业务模式。他们在硅谷安然处之，即便不是明星，至少也是存活下来的人。强纳森·伯纳姆的命运就和他们不同了。

到2014年秋季，21岁的伯纳姆不知道眼前的一切还是不是自己想要的。他挣扎着创办了爱比特（Urbit），是一家个人服务器平台。硅谷那些有钱有势的人几乎都不看好这家公司，这让他时常感到挫败。会不会部分原因是因为他的公司令人费解，错综复杂到自己和联合创始人柯蒂斯·雅文似乎都没法用英语解释清楚呢？伯纳姆的想法越来越游离于现实了。他当初认为自己来硅谷的理由是创建一家神话一般高价值的公司,他从没想过这家公司要跟自身的长处或者性格有任何的关系。话说回来,性格在硅谷又算是什么呢?硅谷的人想过吗?如果说顾的公司是用一张Excel电子表格反映出性格在统计学上的值,那算出来的这个值又怎么解释呢?

伯纳姆感觉到,硅谷看待人何以为人这个问题的态度,就和思考怎样让机器正常运转没什么区别。从哲学角度来说,这种观念并不怎么适合他。这种对于对和错的基本认知跟他格格不入。不管怎么说,这确实是个简单好用的理由,可以解释为什么他创立的那些公司都经营不下去。或许正是因为他品行太端正了,太有原则了,也太守伦理道德了。而现在,他跟自己的联合创始人相处得不好。

雅文身上,或者那个曾经是他博客世界英雄的孟子·莫德伯格身上那些曾令他感兴趣的品质,现在发现接触下来非常让他厌烦。这个人顽固不化,十分难相处。他没能真正把自己的想法付诸现实,他们当然也就没赚到钱。

彼时,雅文-莫德伯格本来要在2015年的Strange Loop年会上发表演讲,但在编程大会举办前的数月就被取消了,原因是他那些政治不正确的自由意志论观点,比如辩称应该废除民主制,他赞成君主制或者专制独裁。雅文没把更多时间花在Urbit

上,而是花在了这些关乎他名声的口水风波上。这就意味着,只要一有争议,他们的公司就没进展。因为他们两人谁都不比对方强,所以一直没进展。

上网看雅文那些与多数人相反的帖子,点赞他的思想是一码事,整天听他说这些就是另一码事了。再加上,伯纳姆似乎认为他在专业技术方面更拿得出手,因为年纪轻,又是蒂尔学员,以前还有过三次创业经历——这在硅谷可是荣誉勋章。Urbit的核心就是计算机科学。

不过比起编程,伯纳姆对看书和写作要青睐得多。况且Urbit正在遭遇筹款困境。公司跟当初伯纳姆在TechCrunch大会上获得满堂彩的掌声时相比,还没有任何的起色,那时候他还住在达特茅斯。伯纳姆想念东海岸了,他想父母了。他对自己现在陷入的这种刻板乏味的生活(还有在办公室过夜)没兴趣。在西部生活了这么久,要拿得出东西去展示也越来越让他感受到压力。

所以伯纳姆放弃了,他决定返回达特茅斯去。这种离开透着怪异。他觉得很好笑,自己要一遍遍跟其他学员解释是怎么回事。"那有点难为情。"他回忆说。就好像是人生第一次离开学校两周,去追逐梦想,然后失败了要灰头土脸回家一样。再加上他现在24岁了,比其他人都年长。

在新英格兰，尤其是达特茅斯，运动和兄弟会大过天，而非黑客马拉松或者初创公司俱乐部。他对回去之后的大学生活再熟悉不过了，把在硅谷那种对谁都逢场作戏的态度再带回大学校园，而那里的各种小团体和青年帮派都有自己的癖好和社交安排，就剩下他一个人不知道何去何从。伯纳姆在达特茅斯大学坚持了一个半学期，还是觉得待得不舒服。那里的课程对他来说也不够有挑战性。所以在春季学期末时，他决定转学去新罕布什尔州一所规模很小的天主教文理学院，名叫托马斯莫尔学院。那是仅有的一个让他感觉适合自己的地方了。在那里，孩子们聪明又努力，却在正常的大学里得不到一席之地，他们都对人义学科感兴趣，埋头于校园学习哲学。

那里教授的课程也比达特茅斯大学难多了。在托马斯莫尔学院放假期间，强纳森回忆起了在达特茅斯大学上过的一门莎士比亚戏剧课，课程名称就叫"哈姆雷特"。他说教那门课的教授非常喜欢他，就因为他读过《哈姆雷特》。"那就是这门课的全部内容，"他聊到，"唯一的要求就是让学生读《哈姆雷特》，然后写三篇小论文，偶尔去上几次课就行了。"伯纳姆不明白开设这种课程意欲何为。

在托马斯莫尔学院，他读了《伊利亚特》和《奥德赛》，读了柏拉图的《理想国》，还读了阿里斯托芬的《云》。他选了希腊文学。他把这看作是自己经历过西部的疯狂后一种必要的隐退。文学跟硅谷是背道而驰的。

而伯纳姆认为，这所学校最与众不同的地方在于其精神上的集中。伯纳姆从没有过宗教信仰，但在这里，他从宗教中获得了慰藉。"在价值观和教育要达到的目标方面，每个人都有共识，"他这么说，"我认为那才是不可或缺的基础，你要和其他人有共同的价值观，有共同的看待这个世界的方式。"托马斯莫尔如此之小，小到只有两栋宿舍楼：一处男生宿舍楼和一处女生宿舍楼。尽管这里的宿舍没有达特茅斯大学那么美观，但伯纳姆更喜欢住在这里。"我认为艰苦一点真的对塑造品格和形成圈子是非常有好处的，"他谈道，"虽说我也想念达特茅斯的电梯。"

这里跟蒂尔奖学金完全相反的地方远不止一处。首先，这里的每个人都一起做同样的事。他们都去罗马，一起上一样的课，接受一样的辅导，而且都看一样的书——一般都是与圣人的生活相关的。他谈到，那些古代的思想家为他解答的问题比硅谷那些人更多。他说在硅谷，他常常都在想，自己是不是被创业的意图所利用了。他想知道，技术公司到底有没有把世界变得更好？"这会成为人类历程中的净收益还是净损失？"他不禁自问。强认为，今后解答这些问题的唯一方式就是看你有没有一个标准,用来衡量到底什么才是真正的"美好生活",或者说"人类存在的目的是什么"。

伯纳姆认为硅谷并不在意那些问题。他觉得那里有形形色色的观点,有功利性的,也有商业性的,但归根结底唯一的标准就是你的公司有没有利润。"这样的人是不完整的,人也不应该是这样的,"他说,"所以我想对我而言,我决定去走一条和硅谷不一样的路,促使我做这个决定的原因就是我有许多的问题,我想回答这些问题,我想花些时间认真研究它们,想明白为什么发生的是这些事,又为什么会发生,而我们能对此做什么?"

伯纳姆说在硅谷,"有个十分有趣的现象恰恰就是你在运营一家什么都没做的公司,可是却感觉自己是世界的主宰"。人们无论如何都会认为自己在成就事业。"如果说这是烟雾,那就有人从一股烟出来走进另一股,再出来再走进下一股烟雾中,形成了一条成功的轨迹"。

他见过太多的公司在贩卖自己并没有的东西,只是通过大肆宣扬去推销商品。"从某方面来看,那是很容易操控的,"伯纳姆说,"你真有一样东西,然后你想把它带到这个世界上,那是一回事,可是如果你什么都没有,你也去大肆宣传炒作,让根本不存在的东西不断壮大,那我认为就是另外一回事了。"然而强说如果一切重来一次,他还会这样选。"我真不知道能不能再猜一次自己会做的决定。我18岁时确实是个与众不同的人,所以如果非要再选一次不可,我可能还会做出同样的选择,但我永远不会知道,自己是不是真的这么做。"在托马斯莫尔,伯纳姆是作为新生开始学习的。他毕业时差不多25岁了。他说道,"这事真是怪",尤其是想想蒂尔奖学金的初衷可是让人更早而非更晚进入现实世界的。

他谈到,硅谷也让他有了一种认识世界的新角度。他所看到的是一群靠技术创新驱动的人。那是种他也不确定自己有还是没有的专心致志的疯劲。他们想的方向有时和伯纳姆想走的方向是不一样的。"技术世界是怎样看待自己的,而其余的世界又是怎样帮你理解这许许多多改变的。"他反思着。他觉得技术工具替代了人们过去常常亲自去做的一些事,比如写信和送圣诞贺卡,还有把照片放在实体相册中,这多少令人有些感伤。

所有数字化了的东西现在都存储在神秘的以太网中。"在那个世界待过之后,我知道香肠是怎么做出来的了,现在再看香肠就不再像原先那么美妙了。"伯纳姆这样说。令他感到烦恼的是,那些数据人士创造出的这些新工具、新玩具已经不再属于他们自己。"他们对这些东西的掌控力已经大不如前了，但是假设你有一本实体相册，那除非有人从法官那里取得了搜查令，否则没人能打开看，"伯纳姆说道，"而假设你在Facebook里存了照片，或者发了某个帖子，那这些就进入了一个没人能真正理解的无比复杂的系统中。"他认为这表明，世界正在从能够理解变得让人无法理解。他引用了科幻小说作家阿瑟·克拉克写在《2001：太空漫游》中的一句话："任何非常先进的技术，初看都与魔法无异"。

  有时候脑袋真像着了魔一样。"我想从事技术行业的人真有那样一种心态，他们比世界上其他人、比政府，或者比从事其他行业的人都更了解这种情况。"伯纳姆这样说。那些沉浸于创业世界的人会感觉世界上没人比自己更高效了。有时候他们确实是对的，然而伯纳姆发现这种心态往往只靠想法来支撑，而没有现实依据。看看他自己的经历就知道了。他开采小行星的梦想引来了无数关注，听起来那么美妙，但是之后他就再也没能吸引到任何投资人，也没能想到任何实际的方式能经由太空旅行到达小行星，也开采不了那里的矿藏。他见过许多有着同样问题的公司，他们承诺了某些非常神奇的事，但却难以兑现，比如Theranos那子虚乌有的革命性血液检测设备。

第12章

主宰宇宙的人工智能

在硅谷,许多"魔法"是以人工智能为核心的。人工智能被传得像未来的梅林:一个某一天会突袭人类,并把每个人都变成高效机器人的法师。至少有一种思想派别是这样认为的。有些人相信人类将会"进化"为像机器一般受机体控制的生物,身体中生物本能和认知功能的特定方面将通过软件得到技术改善。还有些人持有一种人文主义观点,认为人类会利用技术让自己成为更优秀的人,甚至于说,"更像"人类。这两种观点听起来有些相似,却是两种不同的心态,而且有两个不同的人群各信其一。

从某些方面来看,相信人工智能的能力,这种信仰可以划分为革命性人工智能和人文主义人工智能。迷恋革命性人工智能的爱好者相信机器将会取代人类；认为人类的男性和女性天生脆弱，充满了各种缺陷，而终将出现一种更加敏捷和智慧的机器，会取代人类柔弱的能力以及深受负疚感困扰的良知（由于环境退化、暴力、性别歧视等罪行而产生的），并且使人类变得更高效、更文明。

研究人工智能的人文主义者一般都不在旧金山，这些人相信人工智能可以赋予人更强的能力。在他们看来，人类能够利用比自己更高级的智力去掌控机器，绝不会由此丧失人类的感受性，也不会放弃主宰人性、情感以及独一无二的各种人类特质。这些人只会利用技术帮人类实现更高级别的运转，让人变得更高效，比如利用高级软件完成更多的任务。但是，这些人与革命性人工智能阵营的观点差异在于，计算机不会以任何方式取代、增强或影响人类的情感。

人文主义者发展人工智能的意图是为了人。他们保留了信仰，往往对接近上帝抱有更高的追求。他们是以一种资本家的眼光来对待人工智能，即追求通过机器学习，使已经很好的人类智力变得更好；然而革命性人工智能的拥护者认为，感情和情绪都要归结于神经元放电，和计算机当中的电流没有差别。

通过把人降为机器，进而让机器去主导人类，就能使每个个体再次变得平等——这是一种社会主义者的世界观，认为我们每一个人都只不过是一系列细胞和神经元的组合，任何人都不比其他人更高级，只不过一个人或许更幸运一些，拥有比另一个人更好的细胞重组配置。对这些人来说，把人想得天生就互不相同是件疯狂的事，甚至是在智力方面。因为第一部智能机器就能拥有比大多数人类更高级的智慧。

这两个阵营的首领也分别住在相对的东西海岸。一个是雷·库兹威尔，未来主义者以及《奇点临近：当计算机智能超越人类》的作者，代表着西海岸一众支持革命性人工智能的人物（虽说他们自己从来不这样称呼自己）；另一个是耶鲁大学的大卫·葛兰特，是少数几个人文主义人工智能专家之一，尽管十分有影响力。人文主义者对人工智能造成的威胁更为敏感，这指的并非是"恶魔人工智能"，或者说不受管控的计算机会与正面的人工智能上帝进行邪恶对立，而是说机器的发展会对人性的丧失产生什么样的影响。有些人真心认为人工智能很危险，使造就人类的那些价值面临着消失的威胁。他们认为生活的各种组成部分，比方说艺术、家庭、文化，是为了让生命有存在的意义而产生的欲望。他们认为电脑会消灭掉有关人类进步、人类理性或是崇高目的等思想。

在硅谷，"改变世界"这个说法已经成为老生常谈了。虽然没人能说改变世界这话说得够多了，该成为陈词滥调了，但是近年来，这个说法转变成了"改变人类"。这是因为他们正在做的事是要把"改变身为人类的意义"这一想法变得可以计量。

纽约就不是这样的。在纽约，那些高楼大厦里的人几个世纪以来都坚信着使人之所以为人的东西。那些成功把第五大道上的联排别墅变成复古豪华宫殿的对冲基金经理，他们买来过去曾幻想过的、强盗贵族的成功生活中应该拥有的那种三角大钢琴，就像已故的所罗门兄弟公司董事长约翰·古弗兰一样，这人曾经把一棵20英尺高的挪威圣诞树从阳台窗户吊入他的公寓里。他们用漫长的周末假日去英格兰猎松鸡，哪怕他们从小到大的周六都是在新泽西郊区的矮丘购物中心（Short Hills Mall，新泽西州最大的奥特莱斯）度过的。那是种复古的富有，会令人回想起20世纪的人类本性。

在这个国家的另一边，这个世纪都过时了，更别说上个世纪了。谁还会在意鸟？飞过大洋，穿着滑稽又不舒适的服装去猎鸟，那得是件多么落后的事。在湾区，人们关注的焦点是人类进化，而下一步似乎就是通过越来越现实的、名副其实的人类与机器的联姻来实现人类进化。这种更大的野心是完全不同类型的目标：不是要买最贵的房子、车子、游艇，也不是受邀参加最高档的派对，而是要改变人类，变成最高级的迭代版本。

当然了,他们也还是想要派对邀请的。不过到2016年时,他们终于成了媒体的宠儿。像肖恩·帕克、埃隆·马斯克还有拉里·佩奇,他们不止是受邀,而是被求着去参加那些高端活动,比如《名利场》杂志的奥斯卡晚宴派对,还有《时尚》杂志总编安娜·温图尔在纽约大都会艺术博物馆举办的时装学院庆典。(哦,您可以再捐点钱吗?)所以说,一切都有了。他们现在可以随心所欲地关注更高级的问题了。

前进!是时候了,颠覆、犯规、重组再造他们的自身,以及人性,都算上。虽然有一些硅谷大神把改良人类物种看作根本目标,但他们不能大声讲出来。相反,他们的僚属必须通过一些秘密的项目去实现这一目的,或是经由一些可以谈论此类问题的安全的机构说出来。在奇点大学里,奇点不止是将至,而是近在咫尺。雷·库兹威尔就是那里的王。他拥有一大批狂热的粉丝。

库兹威尔相信人类终将永葆青春,理想的年龄是在30岁左右,保持数百年。他承认那样或者会感到无聊,因此他把这种现象解释为,随着必将到来的彻底的寿命延长一起到来的,将会是彻底的生命力。提升,会有新的体验、知识、音乐与文学。他认为人工智能将使我们能把生活掌握在自己手中,有无尽的选择,永远持续下去。如果你死于一场交通事故,而你已经备份了自己的思想和身体,那么就可以再造。他没开玩笑!以这样的方式,我们时时刻刻都能有更多的选择,他这样认为。他相信赋予生命意义的是文化、创造、音乐、科学,而不是死亡。"死亡干扰科学。"他这样说。

为了做好准备迎接这即将到来的大事,他像对待一台复杂机器一样对待自己的身体,每天吞下250片药,每周坐在实验室里打一次荷尔蒙点滴,每天喝好几加仑绿茶。2013年,这位67岁的发明家搬到了距离产生所有技术活动的温床更近的地方。他离开了离波士顿不远的家,那是牛顿市的一处豪宅,里面到处都有马克·夏卡尔的画作,还有柴郡猫的全息图,之后他搬到了硅谷,在谷歌工作。库兹威尔在那里做的事不是什么秘密了,但他打算如何给人类制造出大脑新皮层却不得而知。他希望到2045年能上传人类的大脑,并通过技术将大脑扩展,最终让人和计算机融为一体。那就是人类智力将被增强十亿倍的时候,还要感谢高科技的大脑扩展。

而现在,2015年,他的职务是工程总监,主要工作是让机器理解科学家所谓的"自然"语言。在理解问题及谈话的语境方面,计算机仍然达不到人的水平。他们能够扫描一篇文章中的词汇,而且有56%的可能性可以算出贝拉克·奥巴马是美国总统，而一个人类读这篇相同的文章后，几乎是百分之百能够得到这样的结论。库兹威尔正在开发的是他所希望的那种能够使计算机从概念上理解语言的软件，以实现近期的目标，为谷歌创造出一种更好的、更会话式的检索功能，而不止是关键词层面上的理解。

这位发明家以前就做过把不可能变为可能的事。他为盲人发明了第一台打印语言的阅读器，这还只是个开始，不过真正让他声名大噪的还是他的两本畅销书《灵魂机器时代：当计算机超过人类智能》，以及《奇点临近》。他在2012年出版的《如何创造智能：揭秘人的思维》中，描述了如何构建一种人造的大脑延伸，使其能够连接到云端。他认为纳米机器人将通过毛细血管在我们的大脑中终日运行，尺寸大小和血液细胞相当的计算机就会连接至云端，和iPhone连接到云端的方式是相同的。

在出版《如何创造智能》之前，库兹威尔认识了谷歌的首席执行官拉里·佩奇，并把自己这本书的影印版给了佩奇一本，还游说佩奇为他准备建立的新公司投资，就以这本书讲述的内容为基础。就这样，佩奇没能说服库兹威尔为谷歌工作，反而对他的研究燃起了兴趣。佩奇让库兹威尔使用谷歌的资源，同时还允许他保持独立性。（从那时起，谷歌就开始持续搭建名副其实的人工智能实验室了，先是聘请了人工智能专家杰弗里·辛顿，而后在2014年收购了英国的深刻见解技术公司（DeepMind Technologies），后改名为谷歌深刻见解（Google DeepMind）。由此将机器学习方法与神经科学相结合，开始搭建算法。所以当库兹威尔把这些想法都公布于世时，谷歌理所当然地怒火中烧；此后库兹威尔就想要把他的公司从谷歌的人工智能开发任务及目标中分离出来。上帝保佑这家公司会反省一下它的抱负，当然不是公开宣称要重新设计人类，也就是说改造它的顾客。）

库兹威尔的一些想法已经触及到了主流。电影《她》的导演斯派克·琼斯在这部2013年上映的影片中展现了一个与（女声）人工智能操作系统发生了一段恋爱关系的男人。这位导演曾表示，是库兹威尔的作品激发了他创作剧本、指导并出品这部电影。库兹威尔认为这部电影在未来操作系统的开发方面还是存在一些缺陷，也就是那个由斯嘉丽·约翰逊献声的系统。他解释说，既然她有了那么高水平的情绪理解能力，那应该也已经有了一个虚拟的身体。

今时今日，库兹威尔的外表看上去就和他的实际年龄相仿，尽管他通过注射增加了大量的营养摄入量，而且说自己的"实际年龄"相当于40岁。他还想重新给我们的生物机体编程,也就是其所说的已经开始了一项人类基因组计划,包括通过干细胞疗法和3D打印新的器官,实现组织再生。

库兹威尔很清楚一个更加技术化的未来将会导致的阴暗面。"技术永远是把双刃剑。"他这样说。火帮助人类改善了生活,但也烧毁了人类的村庄。尽管他认为技术能给我们的生物机体重新编程,使人类远离疾病,但是技术也会落入恐怖分子的手中,那些人可能会把流感病毒重新变成为致命的病毒。("我们对此并非没有防御",他补充说道,自己一直在投入精力帮助美国空军设计出一个能够打击生物威胁的程序。)然而,无所不在的网络技术也让他感到安慰。数亿人有了智能手机在手,人们就能组织起来应对众多的问题,他这么认为。

总之,无论人类将拥有怎样的未来,库兹威尔都打定了主意要亲眼目睹。他坚定地说:"目标就是要无限期地存活下去。"作为备用计划,他会将自己的身体低温保存起来。然而,他还说,"其实不必了"。

美国的另一边,在耶鲁大学里,另一位计算机科学家大卫·葛兰特明白自己应在人工智能领域承担的责任,他认为库兹威尔是个反基督者,他所看到的也都是同时代愿景的阴暗面。葛兰特认为库兹威尔的预言不仅令人感到既沮丧又虚无,而且还很危险。

葛兰特毕竟不是一位典型的计算机科学家。他大部分时间都坐在康涅狄格州伍德布里奇市自己家里那宽敞大窗不远处的画架旁作画。他的两只宠物鹦鹉在书籍和论文成堆的房子里飞来飞去。鸟儿们偶尔叫两声,间或有一只从沙发后面跳出来说"躲猫猫"。目之所及之处看不到任何科技装置,除了摆在隔壁办公室的一台毫不起眼的台式电脑。

"我讨厌计算机,我也不会摆弄计算机玩。"他一边说一边兴致勃勃地写下众多攻击库兹威尔文章中的一篇,现在正写的这篇名为《科学思想的终结》。"我在计算机领域所取得的任何成就都是源于我极为不适合这个领域。"他笑着解释说。他认为应该更加合理地使用计算机。"我想让软件在30秒内运行完毕。"他说道。

葛兰特前不久刚刚成立了一家叫作"生活状态"(Lifestreams)的新公司。他要做一种尝试,让计算机更人性化,而不是相反的让人更像计算机。Lifestreams要把操作系统的桌面变得更直观,也更具有描述性。桌面上的信息将会按照时间顺序排列,而不会以图标和令人迷惑的下拉菜单形式散乱地分布在蓝色屏幕上。

数年前,他初次尝试将自己的想法商业化,最后以失败告终，但是葛兰特早已习惯了挫败。1993年，他成了邮箱炸弹客西奥多·卡辛斯基（也就是泰德·卡辛斯基）的攻击目标。此人在1978年至1995年间引领了一场美国国内的恐怖主义运动，反对那些与发展技术有关的人。炸弹爆炸毁掉了葛兰特的右手，还致使他右眼失明。1997年，他写了本书，名为《绘制人生：摆脱大学炸弹客》，讲述他如何走出这次创伤。近十年之后，葛兰特的身体仍然不适。他在客厅里缓慢地来回踱步，但他并不抱怨自己的病痛。令他感到困扰的是人们会把"大学炸弹客"形容为"有病"，或者说他是个精神不正常的"天才"，却会对称呼他为"恶魔"感到迟疑。这使葛兰特不禁发问，"当一种文化不再相信有恶魔时意味着什么"？还有"这个社会怎么了，为什么会丧失在危机中做出道德性反应的能力"？

在《绘制人生》中，葛兰特把他的痛苦、毁容以及事后恢复比喻成这个国家所处的状态。他批判美国正在丢失掉那些帮助他痊愈的东西——宗教、家庭、艺术。并且认为美国文化关注的是渲染罪行，而不是教导人勇敢和塑造品格。

他认为人工智能无法理解性格、勇气，或是任何能把我们定性为人的东西。葛兰特给自己公司定下的口号是"由人类完成，为人类服务"（By humans for humans）。他认为，人性将永远不会为机器所取代。我们的主观性、意识感知绝不可能被编程处理。就我们到目前为止对计算机的了解，他说道，计算机不可能以任何方式获得感知的能力，离开了人的意图它们无法构建，或者说甚至都无法启动。

他认为，如果说人造出了电脑是为了辅助人性，那他根本就不会为了使计算机更加具有直观性而重启自己从前建立的那家公司。在20世纪90年代，镜像世界技术公司（Mirror Worlds Technologies）从未取得过商业化进展，并在2004年宣告破产。讽刺的是，葛兰特后来看到自己早期的创意在苹果产品中流行了起来。他认为苹果有三个产品特征都与他发明的软件相似，即封面浏览、时光机以及聚光灯，分别用于阅览CD专辑封面、备份文件以及执行所搜三项功能上。葛兰特说，有位律师发现了一封电子邮件，是已故的苹果公司创始人史蒂夫·乔布斯发给原来镜像世界公司里他的少数几位副手的。信中说道："这可能就是属于我们未来的东西，我们可能要尽快去申请许可证了。"（苹果从未有过许可证）

那句话成了镜像世界提出专利所有权诉讼的基础。（为了给公司换取资金，葛兰特及其联合发明人埃里克·弗里曼在20世纪90年代卖掉了他们的专利，尽管去除成本后，作为诉讼所得的回报，葛兰特保住了2%的股份。）而在2010年，陪审团做出了有利于镜像世界的判决，判给专利持有方6.25亿美元作为损失补偿，这也是美国历史上排行第五的专利回报。然而，六个月之后，一名法官又否决了这一判决。上诉没有取得成功，2013年6月，美国最高法院拒绝再重新审理此案。

葛兰特也承认，他的想法在十年前或许是不可行的。苹果是在恰当的时间采用了这些想法。"技术没准备好，图样没准备好，而人的思想状态当时也没准备好。"现在他认为世界或许能够明白他的远见了。"弗朗西斯·斯科特·菲茨杰拉德曾说过，美国人的生命中没有第二幕，"他说道，"而今这就是第二幕。"

葛兰特能否阻止雷·库兹威尔及其同类是另外一回事。然而，他所希望的是，通过尝试去改变今后利用人工智能的方式，让人们对人类将进化成为机器人这种理念产生动摇，同时帮助人重获个人意志和个体认同。

强纳森·伯纳姆在这个问题的解释上更倾向于人文主义者这一方。"人工智能之所以受关注是因为人工智能是机器，"他说道，"人们创造出带有效用函数值集的人工智能，听起来很不错，但前提是假设这种智能被奴役于效用函数值集当中，并且假设这种智能的思想和值集限定的思想是互不冲突的，那么你就能拥有不具有自由意志的智能。然而，我们人类作为唯一的智慧生物就是那种拥有自由意志的智能。"

到2016年，伯纳姆沿着感受性这一方向已经走得太远了，宗教对他各种抉择的引导性大得空前。接下来一年里，他就确认自己是天主教徒了。（在托马斯莫尔上了一年学，于2016年秋季再回到达特茅斯学习数学时他就这样宣称了。）他说硅谷给了他全新的角度去看待人性，那种角度让他懂得去珍视真正意义上的清醒有意识，特别是作为一个人类去感知。他现在对关乎人类的所有不可程式化的方面都十分迷恋。

在托马斯莫尔学院，他写过一篇文章，关于人类看待时间的独特视角。从某些方面来看，这篇文章处在库兹威尔思想的反面，但也并非完全对立："人类天生不可能纯粹是肉体，因为人无法完全通过肉体来解释。人类会领悟一部分的神圣启示，至少以某种微小的方式。对于天使这种活在永恒之中的生物而言，预言性的启示是无关紧要的，因为他们只消片刻便能感知古往今来全部时间。对于没有能力摆脱时间去想象事物的动物而言，是不可能有预言性启示的。按照阿奎奈所说，人才是独一无二的生物，'由灵魂和肉体共同组成'，这种结合在那些永恒与时间相交的现象上体现得最为明显，经由启示，从时间中窥视永恒。"

从相反的有利角度来看，库兹威尔呼应了伯纳姆的想法。"我们不久就能永生，占领宇宙，主宰宇宙。"库兹威尔说。他表示，奇点会使人类更接近超自然，毕竟他至少在全息图里就已经能瞬移了。"宇宙并没有多智能，所以我们终将占领太阳系，而本质上我们会和上帝差不多。"他又从另一瓶保健品中倒出一片，然后坐进他的雷克萨斯混合动力无人驾驶原型车。"一旦我们打破光速，我们就会前所未有地更接近于神，"他一边说一边歪歪斜斜地转了个弯，开上高速，"我们会成为神。"

结　语

　　根据蒂尔奖学金原来的项目总监丹尼尔·史卓克曼所说，在2011年的第一届学员班中，包括劳拉·戴明、强纳森·伯纳姆、保罗·顾，还有詹姆斯·普劳德在内，只有十分之一的人最后又回去上大学了。不过她说，那些真的决定要重回大学的学员都是坚定不移地去这么做的。付芳颖开创了致敬阳光太阳能电池板系统，但她一直都打算重返普林斯顿大学。然而，当她回去以后，她又非常厌倦那些必修课程，比如修辞学和她认为自己去到非洲期间理所当然地对那里的文化有了亲身体验了的文化研究课。最终她再一次退学了。

　　史卓克曼说，大多数回到学校的学员都是出于一个原因而去利用其学术体验的：把学术体验应用到他们所从事的创业项目上。"就我们所见，确实是非常有目的性的。"她强调说。

然而，也有一些是为了回到过去的人生体系和社交生活中。伯纳姆的前女友诺尔·希迪克曾经尝试过创建一家慈善公司，与贫穷战斗，但她渐渐想念起大学，还有学校带给她的友情。尽管她从没有出于真心去参加兄弟会派对，但是她当时害怕自己一个人孤零零漂泊在外，远离家庭，也没有成功的公司，至少在当时是这样。

诺尔的第一个创业构想是十分有抱负的，试图要结束贫穷。她用这个创意申请的蒂尔奖学金，要把第三世界的穷人和西方国家的雇主匹配到一起。但到了获得奖学金为期一年的时候，她受姐妹的启发想到了一个新的创业构想。这家公司名为"疗每地"（Remedy），她当时听姐妹诉苦说，作为一名医学院的学生，自己却认为更多的医疗救护工作应该在去医院的路上在救护车里去做，而不是等到了医院再做。

诺尔的这个创意需要紧急救援人员利用谷歌眼镜，也就是具有浏览和无线连接能力的眼镜，或者是利用手机，让医院里的医生能够看到救护车中现场发生的状况，并为救援人员提供实时的医护支持。移动显示器会发送视频、图像以及GPS定位，从而使医生能够远程做出反应，决定在去医院的路上要采取何种治疗方式。

2014年4月，希迪克开始在哈佛大学和宾夕法尼亚大学测试这个系统。这项被她称为"光束"(Beam)的技术会给每位身处救护车中的病人指定一个序号,然后为监控病人的外科医生产生出一个界面。希迪克说,通过轻点一下手机,一位医学专家就能远程看到现场的情况。该系统会是疗每地公司问世的第一款产品。她的公司将来会开发可穿戴的医疗卫生技术,但是首先还是要利用谷歌眼镜。她希望通过这种方式去攻克紧急情况带来的救援问题,让医生能够更容易发现身处事发地点而没有得到妥善医疗护理的病人。然而,"光束"技术一直以来都没能实现快速推广,诺尔也没能联系到足够数量的合作医院。这位19岁的年轻人决定重返校园,在就读于斯坦福大学的同时尝试让她的公司按照这个方向继续发展。

她和伯纳姆时不时还有联系,而且她在做出决定回去上学之前还给伯纳姆打了电话。她的选择某种程度上也是受了伯纳姆的影响——他回了达特茅斯大学,哪怕他最后也没在那里念下去。

在西部经历了一段低迷时期后,最初尝试创立一个在线教育平台的约翰·玛尔巴切也回到了大学里,就读于北卡罗来纳州的维克森林大学。他希望自己当初从没离开过学校。不过他属于少数。其他学员仍然尝试着在技术行业做出事业,而且也有了不同程度的成功。

蒂尔奖学金最成功的事迹其实发生在印度：年轻的瑞提什·阿加瓦尔是2013年获得奖学金的蒂尔学员，他从事的是经济连锁酒店行业。阿加瓦尔创立的连锁酒店品牌Oyo Rooms到2015年估值已经超过了3亿美元。另一个获得很大成功的是2012年的蒂尔学员迪伦·费尔德。他曾是布朗大学的学生，后来募集了1800万美元开始经营Figma，这个与公司同名的软件被认为有实力同Adobe Acrobat一争高下。

2011年的蒂尔学员班在融资方面表现不好，除了普劳德和顾以外。达尔·斯蒂芬斯最后对孩子们还是想去上大学这种观念妥协了。他将自己的"不上大学"项目改为"不会替代大学教育的间隔年"项目。他会在网站和研讨会上给学生提供建议，告诉他们怎样跟父母解释为什么要有间隔年，而不是高中毕业后直接去上大学，让学生告诉父母自己的想法，类似"有个计划"要去实现。这个项目鼓励学生要"理性地行为不端"。

在上大学之前，斯蒂芬斯问道："为什么不花时间去了解一下你是谁，以及你想怎样生活呢？"他的项目成本为16000美元，花在了教室和白板等开支上。教练会根据学生自己的兴趣倾向，教给学生他们自己想学的东西。"纯粹的学习方式并非适用于每个人，"他承认说，"有些人还是想在指导下学习。"

也有些大学给他的项目提供了贷款，但是大部分招生人员都会对这个项目翻白眼。虽然斯蒂芬斯已经成为最出名的蒂尔学员之一，他还是没能顺利筹集到投资。他认为风险投资人更加青睐于投资那些有大想法和高价值的公司，而非那种现金流公司。斯蒂芬斯的公司就被传是这类现金流公司，而他坚称："我们现在是赢利的，而且我们在交付产品或服务。我们并非只有算法。"对他而言，回到东海岸其实更容易筹措到资金，那里的投资人愿意抄底。

丹尼尔·史卓克曼对这种现象也是心知肚明。她跟不断受挫的蒂尔学员共同工作了五年，之后她十分渴望往前一步，去尝试自己当老板。2015年初，她离开了蒂尔奖学金项目，创办了自己的青年企业家基金。她的基金公司叫作"1517基金"，源于宗教改革运动，意指马丁·路德曾说过的教堂不应该收了费才允许人们与上帝接触。史卓克曼觉得这也是蒂尔奖学金盛行的风气。人们能够向自己的神灵祈祷，也可以不相信神灵。没准他们自己也能够成为神。回顾蒂尔奖学金，史卓克曼认为关乎高等教育及其重要性的讨论已经因此而改变。

"起初刚有这种讨论的时候，我们并不知道当初的涟漪会造成多么大的惊涛骇浪，"她说道，"人们迈出了这一步，开始反过来认真思考助学贷款这件事。"史卓克曼认为高等教育泡沫很长时间以来一直是房间里的大象（对显而易见的事实集体保持沉默），但是"彼得将其重重地指了出来"。

史卓克曼还用吉拉尔的话谈论了这个问题。（法国哲学家勒内·吉拉尔相信人类无意识模仿理论，也就是人们总想要别人都想要的，而不是自己所拥有的。）她把蒂尔奖学金称为一种"模拟性的迷幻感"。奖学金刚刚创立时，人们根本不会讨论退学这种事。她觉得那时候任何人只要这么做了就会被认为是失败者。"而今，"史卓克曼说道，"高等教育泡沫已经是个屡见不鲜的话题了，是蒂尔奖学金项目促成了对这个话题的讨论。"

"我认为这个项目现在可以说是与众不同的，但是已经不再怪异了。那20个人的确使许许多多年轻人的生活发生了重大的改变，尤其是美国的年轻人，因为美国的学校教育成本已经高到令人望而却步的地步。"她相信那20名蒂尔学员说明了上大学并非唯一的出路，而人们还可以通过实践去学习。"确实就是有多种选择"。

她认为第一批蒂尔学员是最勇敢的，也就是2011年的学员班。蒂尔奖学金项目的根基是在这批学员的帮助下形成的,他们也帮助奖学金项目找到了合适的架构,从而使其能够用于界定自学导向型的学习。整个项目创意可以说是始于一块空白的石板。史卓克曼说自己并不想让这个项目具有强制性,而是更类似于一个共同做决策的社群。"它不是类似于一种功能性的项目,放进一些东西,然后又产出一些东西。"她解释道。

就在学员们成立公司的同时,他们自身也在不断成长。"这不同于一个已经独立的30岁的人去创业,"她指出,"我们的学员起步时都在16至19岁之间,因此在获得奖学金的第一年,我们每季度都会对他们进行评估。我们清楚地知道要对他们进行常规性检查。"后来,该项目还把前一期学员也纳入了新学员的选拔流程。他们还设计出了各种有组织的活动,比如高空跳伞,以及有关摩托车安全性的户外活动课。学员们负责做策划,蒂尔基金会会负担社交成本。

过了没多久,蒂尔奖学金的申请人数就远远超过了能够提供的席位,因此史卓克曼创办了蒂尔峰会系列活动,让符合奖学金申请条件的企业家可以互相结识,进而组成团队,共同开发他们的创意。一名印度的企业家为了负担到旧金山的机票,不惜决定卖掉自己的吉他和iPad。他们还自己组织了更多的互动活动,比如午餐聚餐以及晚间会谈。

史卓克曼认为这种互动性逐渐变得重要起来。她们还留意到,在奖学金运行的这五年间,有关人际互动、和睦相处以及情感的讨论也增多了,而且普遍也受到了整个硅谷更多的重视。当人们看着那些学员在创建公司,不久就意识到他们在共事者方面所做的选择,甚至比这些人开发的技术更为重要。

丹尼尔认为埃隆·马斯克的宇宙公司SpaceX所取得的成功,对于年轻人的抱负产生了巨大影响。"人们仰视着SpaceX,对他们正在从事的事业刮目相看,而且也想看看自己能做些什么。埃隆可以从贝宝转向硬技术——宇宙技术,有头目去带头做伟大的事情是会令人惊喜的。"

帕特里·弗里德曼也离开了蒂尔基金会。与妻子香侬分手后,他和企业家詹姆斯·霍根一起制订了计划,要在洪都拉斯建一座自由主义城市,将其作为海洋家园协会自由漂浮岛的一个试验场。他们认为自己已经拥有了政府的许可,但后来才发现改变一座城市的结构并非那么容易。两个人最后放弃了这个项目,搬回了加利福尼亚。弗里德曼离开了托尔图加公社,北上搬到了伯克利,并在那里认识了布里特·班杰明,她身材高挑,生着一头柔美的红发。他决定重新定位,转向一夫一妻制。两人在2015年订了婚。他又回谷歌当了一名软件工程师。

数学家转行成为蒂尔员工的埃里克·韦恩斯坦还在尝试"犯规",一直在试图证明他的万物理论,而在颠覆和犯规的同时,他也依旧流连于派对。

在后来的蒂尔学员班里,蒂尔奖学金项目放宽为面向任意一名22岁以下,而非20岁以下的学生,而且只需要他们休学一年。为了处理猛增的申请大军,同时增加收益,蒂尔聘请了杰克·亚伯拉罕作为新的项目负责人。那时候亚伯拉罕还是一位鲜为人知的企业家,29岁的他在2010年把自己的本地购物引擎以7500万美元的价格卖给了易贝。

亚伯拉罕是个矮个子,留着刺猬头,生了一张圆脸,爱咧嘴笑,看着更像是19岁。他也是从大学退学的,他的想法是他这种做法对新班级的蒂尔学员们会是种激励。

亚伯拉罕在北弗吉尼亚州长大,母亲是位业余音乐家,在他16岁时因患卵巢癌去世了。他父亲是一家软件分析公司的首席执行官,目前身家约为10亿美元。亚伯拉罕13岁开始为他父亲工作,然后去上了沃顿商学院。他在那里修了计算机科学和商业,最终规划了自己的主业。直到毕业前的最后一年,他走的都是一条典型的道路。他既没去申请华尔街的工作,也没去咨询公司,因为那还要等到他2008年毕业,他决定创建自己的公司。

他后来将要创建的公司名叫美罗购物（Milo），是一个本地化购物搜索引擎，但彼时，亚伯拉罕还没有这个计划，他当时就是想干个属于自己的事业。"我就记得那时候人人都在谈论高盛、贝恩资本和麦肯锡，"他说道，"人们认为我不想去这类地方我就是疯了。"那时候，如果你对软件工程感兴趣，你就会去谷歌。"当时在谷歌工作就类似于今天在Facebook或者推特工作。"他说道。

所以在临毕业前一个学期，亚伯拉罕退学去了硅谷。他在硅谷做了次旅行，认为那就是他想要去待的地方。最初两周内，他在帕罗奥多市一家汽车旅馆里租了个房间，后来终于找到了一间大学街上的沿街公寓，这里也被他用作办公室。"我知道这里就是技术的中心了，"他回想着当初的时光说道，"我们在那里睡，在那里工作，在那里吃拉面——经典的创业故事。"

最初几个月里，住在帕罗奥多市是非常孤独的。他在那里只有一个真正的朋友，就是他的室友兼共同创业的伙伴。"特别地与世隔绝。"他这样回忆道。早期的蒂尔学员也都没有车，其他的出行方式也有限，所以他们往往感觉自己被困在了住处，或者被困在圣塔丽塔大街上。几年之后，亚伯拉罕当了

245

项目总监以后，毫无疑问自身的经历让他也很容易就能感受到蒂尔学员们正在经历的状态。然而，完全缺乏社交生活并没能阻挡住亚伯拉罕创造技术的脚步，他创造的技术催生了今天为人所知的易贝，也就是让客户能通过手机从本地商铺购物的技术。他还创造出了一种提要功能，类似于今天Facebook和推特上的那种动态广告，该功能使易贝卖家能够向客户推送可供购买的新产品。

到硅谷两年后，亚伯拉罕创立了一家新公司，将其命名为原子实验室（Atomic Labs），并宣称这是一家能产出新公司的风险资本基金。"这与从0到1的论点是相符的。"亚伯拉罕解释称。他指的是彼得·蒂尔那本同名专著，书中推销的思想是，最好的公司应该完全是一种新的创意，而非现有创意的复制品。

作为蒂尔奖学金的负责人，亚伯拉罕最近放宽了申请奖学金的年龄限制，理由是"大学的任何阶段都可能出现好的创意"。不过，出于对风险规避原则的考虑，他还是把年龄限制在了22岁以下。他认为不少人22岁之后就会离开硅谷，到银行和咨询公司任职，因为已经没有足够的动力去做原创了。

在接下来的一年里，也就是2015年，主要得感谢蒂尔那本

《从0到1》在世界范围内取得的成功（在美国售出了25万册，在中国售出了100万册），将近4500人申请了蒂尔奖学金，比前一年增长了50%。亚伯拉罕与这本书的读者都把这种增长归功于"传遍了大江南北所有校园的创业热潮"。孩子们不像以前对投资银行和咨询行业那么趋之若鹜了。他们渴望进入技术的天地。也有人担心技术的传播会夺走人们的工作。而整整一代大学毕业生都渴望先在技术领域取得成功，也没人去管他们的这种追求或许已经显示出泡沫临近崩溃的边缘。

最终，蒂尔奖学金成为千禧一代的缩影。这个奖学金在说，"倘若你们那么优秀，那让我们把你们当中最优秀、最聪明的挑出来，看看你们能不能证明如此"。而或许，他们没能创造出十亿美元的公司这样一个事实也不重要。

或许真正最重要的是白手起家去奋斗、孤身一人，这些对于千禧一代来说太陌生了，哪怕是有硅谷的微弱影响也改变不了什么。蒂尔的奖学金项目是块空白的石板，也是对空降到这个国家最成功的行业里的少年和青年人的管中一窥。

托马斯·杰斐逊和亚历山大·汉密尔顿将这个国家从一无所有建立起来，而他们今又何在？这些真正建立起公司的人又是谁？对于那些被选中的人，奖学金提供的创业网络又能真正为他们做什么？何为成功？这些公司又算不算成功？

这个奖学金所取得的确定无疑的成功就是其理念：要摆脱受迫于制度和非做不可的事。由于蒂尔奖学金项目的设立，上大学没有以前那么必须与必要了。中途退学或是根本没去上大学的人往往被认为更富有才能，甚至被视为是更有潜力的天才。他们必定已经在做一些开创性的事了，这种想法表明了一种新的共识。

这个奖学金也促进了人们改变对工作的看法。相比成为一名律师或者医生，现在更流行的是做你想做的事。正如浪漫的爱情把婚姻从履行义务变成了现在人们所认为的应该源于激情一样，硅谷也改变了人们对工作的看法。从前认为工作是为了赚钱养家，是生活中常规的一部分，现在变成了工作应该是令人振奋而富有乐趣的事。

今天，在社会中的特定领域，工作被看得和玩乐差不多。部分是因为谷歌把办公室建得像个娱乐室，苹果和Facebook也是如此。工作中，你不会被要求成长为严肃的成年人，而是可以变得更像孩子，可以拥有更美好的时光，更快乐，也更尽心。工作日也像是在休息。

这些蒂尔学员就是当今孩子的典型，他们觉得自己太聪明了，就是没法去银行或者法律公司，或者任何其他普通大学毕业生能去的平民性的场所工作。不行，天才现在都去西部，而且如果学校不能帮他们去西部,那去上学还有什么用?现在全美国的学校都有创业项目,还开设创业课程,教学生如何建立一家初创公司。各个城市都在建设自己的技术中心,百般努力地复制斯坦福的经验。哈佛创新实验室(I-Lab)看起来就像个迷你谷歌,依偎在这所大学中常青藤环绕的商学院旁边。

与这种转移共同到来的甚至还有更进一步的推动力。不仅仅是硅谷自身展现出的优势,更是硅谷创造出来的优势:机器。担心技术正在超越人类是自然选择与进化理论的一种奇怪派生。这是一种无论怎样,更优秀的都会获胜的观点,而如果是这样的话,那获胜的就是芯片。按照进化顺序,这种有着优越性能的"生物"自然就会取代其背后的种族,也就是人类。

这又算不算是对人性、情感以及一个人领会了一种深层含义后体悟到的感受,坠入爱河后的感受,还有认为某些事物更加伟大的感受,等等感受的否定?一台机器怎么能做到这些?在硅谷有人开始认为,那些陷入人工智能的人正在形成一种不同的性格,那种性格从某种程度上说是缺乏情感的、毫无活力的。他们全无激情,十分奇怪。

那是一种社交性格以外的新的性格类型——也就是完全没有真正的反应。有的人,尤其是硅谷的人,并非自然而然地与人相互交往或交谈,他们差不多算是通过给自己编程来实现社交。他们强迫自己去建立人际网，与人互相结识，与机器的接口程序十分相似。

唯一的问题是人工智能的前景非常像许多公司过分膨胀的估值。这类项目还不怎么能用。机器人实际上还没有情感。它们会挑眉，也会皱眉，但机器人是没有感觉的，连近似于感觉的东西都没有。机器人不具有人格特质。

一场强烈的反弹要来临了吗？"那一天"还会不会到来？这些孩子似乎已经做好了找寻答案的万全准备。作为实验对象，蒂尔学员们就是神话的发现者，至少对局外人来说是如此。

虽然有些人回到了自己所熟悉的生活中，但往往带着更深刻的认识，但其他人仍留在了那个新世界。在那里，蒂尔奖学金已经取得了成功，至少作为一场思想实验它成功了。

它促使人们去质询既定的体制。尽管这个项目或许问世得为时过早，没有现成的框架可以适用于退了学的孩子们，但这个奖学金实现的是挑战政治正确，并且公然违抗了学术机构以前在强制执行的事。

大多数学员最少也都短暂成名过，而且他们还成了新疆域的开拓者。现在出现了另一条路，这条路的终点比以往任何道路都开放得多，毫无限制。

这个项目的另一个作用是恰恰揭示了在硅谷取得成功的必

要条件。这个奖学金揭露出现实中的淘金热其实有点像海市蜃楼。肚子远大于脑子,而脑子才是硅谷的智囊——那才是真正的利润所在,以及真正的天才所处的位置。

年轻人去效仿天才,比如具有原创性的Paypal黑帮,可学的并非是他们当中有些人的才华,反而是成群结队地去模仿他们怪异的癖好和举止,并希望能从某部分古怪中受益,通过这样的联系或是练习变成亿万富翁。然而他们却发现,几经艰辛地坚持了全黄油饮食也并没能让自己变成亿万富翁。

年轻而意气风发的企业家受到了生活方式的诱惑,被那种全然的怪异所吸引。他们和过去那些在日落大道上一边打工,一边想尝试去好莱坞赢得奥斯卡的服务生没什么两样,他们是新时期的服务生。

而且随着到硅谷来的人越来越多,他们也开始在行为方面表现得越来越像东海岸的人,不同的只是他们穿的不是南塔克特红裤子(曾经东海岸贵族男性的时尚穿着),而是卫衣。他们不是驾着帆船起航,而是骑上了踏板车。来到硅谷的人并不隐藏自己的企图心,甚至于他们比那些曾经公开说自己想赚大钱的东岸人要赚更多的钱。

这里的人所宣称的那个"改变世界"的目标当真是回荡在硅谷四处的,已经成为老生常谈。这神圣的事业又是什么呢？许许多多的孩子都想知道。

在硅谷取得成功的人并非是泱泱的平凡旅鼠：有时候，成功者靠的是幸运之神的垂青，但多数时候，都是因为他们有睿智的头脑。彼得·蒂尔就是凤毛麟角的成功者之中的一位。他也以某种难以名状的方式吸引着那些独特的人，可即便是他出马也不一定就能成就这些人。蒂尔学员们还会继续去干大事，而强纳森·伯纳姆经过蒂尔奖学金也理解了所有曾混迹于此的人，理解了都是硅谷泡沫使之然也，而其他许许多多名字已经被淡忘的人亦如是。

致　谢

感谢西蒙与舒斯特出版社的本·洛恩，没有他也就没有这本书。他所提供的洞见与资料远不止书中所列的这些。

感谢我的经纪人斯隆·哈里斯，他的正直与耐心无与伦比、弥足珍贵。

本书的创作灵感源于彼得·蒂尔。他激起了我的好奇心，对硅谷，也对那些有勇气跳脱窠臼去思考，而且还把想法付诸行动的人。彼得让我了解到了更广阔的世界与内心，超过了以往在任何学校所见。蒂尔向我引见的人令人印象深刻而且为之着迷，超乎我的想象。我已经认定其中一些是挚友了，比如内莉、斯蒂芬、泰德和凯瑟琳·杰纳斯。感谢杰纳斯的团队提出了本书的蓝图。也感谢克里斯滕·巴托克慷慨地允许我进行报道。

我还要向《华尔街日报》的编辑们致以我诚挚和热情的谢意，也就是加里·罗森、丽莎·卡利斯、格里·贝克。他们不仅协助运营了世界上最优秀的报纸，以我的偏颇之见，而且还让日报社成为最快乐、最激动人心也最精力充沛的工作场所。

感谢弗兰克·迪吉亚格莫，他的作品和视角永远令我钦佩，以及理查德·斯托瑞，他的作风、才思，还有对一切时髦事物那令人惊异的预见性理解，都一直是我所渴望达到的。追念皮特·卡普兰，他投身办公室那些时光让每句话都传达出时代精神，让每名记者都感觉自己像明星。

感谢我的朋友马克·科洛德尼和莎拉·克莱蒙斯，友善而宽容地阅读了本书的早期版本，从而使后面的几稿大有改善。还要感谢佩芮·佩莱兹，是她的友情和示范让我经受住了一波又一波的挫折与沮丧。

最后，感谢我的父亲母亲，若说一切源于他们，这一切也都献给他们。

马上扫二维码,关注 **"熊猫君"**

和千万读者一起成长吧!

图书在版编目（CIP）数据

硅谷创业启示录 /（美）亚历山德拉・沃尔夫著；
丛琳译 . —— 上海：文汇出版社 , 2020.3
 ISBN 978-7-5496-2966-4

Ⅰ . ①硅… Ⅱ . ①亚… ②丛… Ⅲ . ①企业管理－经
验－美国 Ⅳ . ① F279.712.3

中国版本图书馆 CIP 数据核字（2019）第 262113 号

Simplified Chinese Translation copyright
By Dook Media Group Limited
VALLEY OF THE GODS: A Silicon Valley Story
Original English Language edition Copyright © 2017 by Alexandra Wolfe
All Rights Reserved.
Published by arrangement with the original publisher, Simon & Schuster, Inc.

中文版权 © 2020 读客文化股份有限公司
经授权，读客文化股份有限公司拥有本书的中文（简体）版权
著作权合同登记号：09-2019-719

硅谷创业启示录

作　　者　/	［美］亚历山德拉・沃尔夫
译　　者　/	丛　琳
责任编辑　/	若　晨
特邀编辑　/	敖　冬　　王浩淼
封面装帧　/	苏　哲　　吴　琪
出版发行　/	文汇出版社
	上海市威海路 755 号
	（邮政编码 200041）
经　　销　/	全国新华书店
印刷装订　/	北京中科印刷有限公司
版　　次　/	2020 年 3 月第 1 版
印　　次　/	2020 年 3 月第 1 次印刷
开　　本　/	890mm×1270mm　1/32
字　　数　/	148 千字
印　　张　/	9

ISBN 978-7-5496-2966-4
定　　价　/　45.00 元

侵权必究
装订质量问题，请致电010-87681002（免费更换，邮寄到付）